감정적 자석

관계에 끌림을 더하는
커뮤니케이션 법칙

추천사

샌디 거버는 인간관계에서 자기 인식과 공감을 북돋우는, 이해하기 쉽고 효과적인 강력한 책을 썼습니다. 감정적 자력은 우리 삶의 모든 관계에 적용됩니다. 네 가지 감정적 자석을 더 많이 이해할수록 다른 이가 자신의 말을 듣고 이해한다고 느끼게 만들어 줄 유용한 언어를 더 많이 사용할 수 있습니다.

앨리슨 존스ALYSON JONES, 가족 상담가 / CTV 뉴스 패널

샌디 거버의 이 책은 독특하고 통찰력이 뛰어나며 공감대를 형성합니다. 샌디는 네 가지 감정적 자석의 힘을 보여주기 위해 자신의 개인적인 경험을 공유하며 친근하고 솔직하게 다가갑니다. 즉각, 저자와 공감할 수 있었고 나의 감정적 자석을 파악할 수 있었으며, 이 지식을 적용하여 성공적인 커뮤니케이션을 할 수 있었습니다.

메건 시밍턴MEGHAN SIMINGTON, 다이멕스 그룹 마케팅 이사

모든 독자에게 도움이 될 책입니다. 저는 항상 퍼즐의 한 조각을 놓치고 있다고 느꼈습니다. 자기 개발 수업이나 책에서 배운 내용을 '제대로 활용'할 수 없다는 사실에 좌절했었죠. 하지만 이 책을 읽고 나니 제가 왜 그런 선택을 하는지, 어떻게 소통해야 관계에서 더 잘 연결될 수 있는지 알게 되었습니다.

카사라 하더KASSARA HARDER, 카사라 하더 디자인 선임 디자이너

이 책은 동기를 부여하며 실용적인 자기개발서이자 관계에서 더 나은 소통과 연결을 이끌어내는 열쇠입니다. 자신의 감정적 자석을 파악함으로써 가정과 직장에서 더 잘 귀기울여지고, 받아들여지고, 이해받을 수 있는 의사소통을 할 수 있을 것입니다.

피터 레게PETER LEGGE, 캐나다 와이드 미디어 CEO / 《Power of a Dream》 저자

인간 관계의 들쭉날쭉한 가장자리를 탐색하고 드러내며 영감을 주는 시의적절한 책입니다. 팬데믹으로 인한 고립과 관계의 어려움 속에서 꼭 필요한 이야기와 기술이 담겨 있습니다. 샌디 거버는 페이지를 넘길 때마다 대인 관계에 자력을 더하는 체계를 가르치며 권위자가 됩니다. 개인적, 직업적 성장을 원하는 모든 사람에게 이 책을 추천합니다.

톰 두타TOM DUTTA, 크리에이트 CEO / 테드 연사 /
베스트셀러 《The Way of the Quiet Warrior》 저자

어떤 책은 인생을 바꿉니다. 이 책도 그중 하나입니다. 이 통찰력 있고 없어서는 안 될 가이드는 인간관계에서의 좌절과 실패에서 당신을 'S.A.V.E.' 할 수 있습니다. 샌디의 작품은 우리 자신의 감정적 자석을 파악하여 효과적으로 경청하고 행동하며 목적이 있는 커뮤니케이션을 하도록 영감을 주어 우리의 삶을 더 나은 방향으로 변화시키는 방법을 설명합니다. 독자 모두에게 도움이 될 것입니다.

캐시 쿠젤CATHY KUZEL, 커넥티드우먼 CEO

EMOTIONAL MAGNETISM:
How to Communicate to Ignite Connection in Your Relationships
Copyright © 2022 by Sandy Gerber
All rights reserved.

Korean translation rights arranged with Transatlantic Literary Agency Inc., Toronto
through Danny Hong Agency, Seoul.

이 책의 한국어판 저작권은 대니홍 에이전시를 통해
Transatlantic Literary Agency Inc사와 독점 계약한 북스앤디지털에 있습니다.
저작권법에 의하여 한국 내에서 보호를 받는 저작물이므로
무단전재 및 무단복제를 금합니다.

샌디 거버 지음
정민용 옮김

감정적 자석

관계에 끌림을 더하는 커뮤니케이션 법칙

2023 논픽션작가협회상 금메달 수상!
2022 BIBA 독립출판도서상 금메달 수상!

에쏘 프레스

차례

들어가며 ···· 10

PART I
감정적 자석이란 무엇인가?
1 | 자력을 가진 커뮤니케이션의 마법 ···· 22
2 | 서로 밀어내는 커뮤니케이션 방법 ···· 54

PART II
네 가지 감정적 자석
3 | 유능하고 믿음직하며 규칙적인 '안전' ···· 86
4 | 성공을 향한 의지로 세상을 변화시키는 '성취' ···· 108
5 | 1달러의 쓸모를 아는 '가치' ···· 130
6 | 창의적인 영혼을 가진 '경험' ···· 148

PART III
자신의 감정적 자석 찾아보기

7 | 감정적 자석 평가 퀴즈 ···· 168
8 | 메인 감정적 자석을 파악하는 법 ···· 190
9 | 감정적 자석을 드러내는 단서와 신호 ···· 208
10 | 감정적 자석을 활성화하는 4단계 ···· 232

감사의 말 ···· 260
더 읽을거리 ···· 268
미주 ···· 276
찾아보기 ···· 278

일러두기

1. 중괄호 (〔 〕)안의 글은 옮긴이주이다.
2. 책, 잡지, 매체 이름은 겹꺽쇠(《 》) 안에, 프로그램명, 기사 제목, 작품명은 홑꺽쇠(〈 〉) 안에 넣었다.
3. 원문에서 이탤릭 서체로 강조된 글은 밑줄로,
   굵은 서체로 강조된 글은 **굵은 서체**로 강조했다.
4. 지은이의 의도를 살리기 위해 communication은 커뮤니케이션으로,
   needs는 니즈(마케팅에서 '필요의 인식으로부터 유발되는 욕구'라는 뜻으로
   흔히 쓰임)로 옮겼다.

어머니 아버지. 감사합니다.
부모님이 보여주신
서로에 대한 변함 없는 사랑과 깊은 존경심을 본받기 위해
끊임없이 노력합니다.
부모님은 저의 창의력과 추진력을 지지해 주셨습니다.
매일 그립습니다.

들어가며

감정적 자석이 되어 더 많은 사랑을 만들어 내자

사람들이 당신의 말을 듣지 않거나 오해하고 있다고 느낀 적이 있는가? 파트너는 당신에게 중요한 어떤 것이 왜 중요한 지 이해하지 못할 수도 있다. 보아하니 상사는 내가 지난 주에 언급한 것의 반도 신경쓰지 않는 것 같다.

당신만 그런 것이 아니다.

결혼이 실패하는 가장 큰 원인은? 빈곤한 커뮤니케이션이다. 행복한 직장과 높은 생산성의 가장 큰 비결 중 하나는? 탁월한 커뮤니케이션이다.

커뮤니케이션은 우리 존재의 뿌리이다. 모든 관계를 결합해 주는 접착제이다. 하지만 우리 대부분은 그럭저럭 해 나가거나 솔직히 말하자면 형편없다. 내 경우도 그렇다.

10년 전 나는 낮과 밤이 다른 생활을 하고 있었다. 낮에는 수상 경력이 있는 마케팅 전문가로 클라이언트에게 고객을 행동으로 이끌 수 있는 효과적인 커뮤니케이션 방법을 조언했다. 나의 마케팅 회사는 큰 성공을 거두고 있었다. 방 한구석에서 시작한 회사는 브리티시 컬럼비아에서 가장 빠르게 성장하는 회사 중 하나였다. 나는 캐나다의 몇몇 최고 인기 브랜드와 일하며 컨퍼런스, 컨벤션의 연사로 정기적으로 초빙되었고 젊은 기업가의 멘토가 되어 9시부터 5시까지 이 일들을 훌륭히 해냈다.

하지만 밤에는 전남편과의 공동 육아 경쟁에서 진 패배자였다. 그것은 정말로 협업 대신 경쟁이었다. 우리 사이의 커뮤니케이션? 대실패였다. 우리는 대화를 두 마디도 채 나누지 못하고 결국 싸움으로 끝냈다. 나는 며칠간 외치고 싶었던 (때로는 그랬던) 말을 그가 듣게 하는 데에 성공하지 못했다. 나의 언어는 나의 클라이언트, 가망 고객, 소비자에게는 영감을 주었을 지 몰라도 전남편이 아들을 축구교실에서 차로 데려오도록 독려하지는 못했다. 내가 그를 이해시키기 위해 어떤 말을 해도 그는 듣지 않는 것처럼 보였다. 내가 화를 내는 건 당연했다.

나는 스스로를 사기꾼처럼 느꼈다. 어떻게 일에서는 그렇게 성공적이면서 집에서는 이다지도 엉망일까? 슬프게도 이것은 나쁜 커뮤니케이션이 파괴한 첫 번째 결혼이 아니다. 나의 공동 양육자는 두 번째 남편이다. 첫 번째 결혼은 내가 아직 웨딩 감사 카드를 쓰고 있을 때, "결혼은 나에게 중요한 것이 아니다"라는 첫 남편의 자백과 함께 끝났다.

나는 내 아이들의 아버지와 평화를 찾을 필요가 있다는 걸 알고 있었다. 제정신을 지키고 아이들이 필요로 하는 양육 환경을 제공하는 유일한 방법이었다. 그것을 달성하기 전까지는 다른 남자를 그 그림에 데려올 수 없었다. 한편, 나는 '커뮤니케이션 전문가' 타이틀을 새긴 명함을 가지고 있음에도 내 아이들은 내가 남편에게 거칠게 소리지르는 것을 밴쿠버에 비가 내리는 만큼 많이 목격했다. (캐나다의 웨스트 코스트 지역에 대해 모르는 사람을 위해 말해두자면 비가 자주 내린다!) 나는 아이들이 내 부적절한 행동에 대해 지적하거나 심지어 그 행동을 되돌려 주기를 기다리고 있었다.

어느 늦은 저녁, 아기를 침대에 눕히고 한참 동안 나는 내 업무 스케줄에 맞춰 조정된 과외 활동에 아이들을 등록시키는, 시간이 많이 걸리는 일에 시달리고 있었다. 그 일을 끝내자마자 컴퓨터가 나의 전남편이자 공동 양육자에게서 이메일이 왔다고 소리를 내며 알렸다. 그는 내가 우리의 결혼에 돌아오지 않으면 어떤 양육 비용도 내지 않겠다고 위협했다. 그 즉시 나의 우선순위는 기업가로서 부침을 극복하고 사업을 키워 꾸준한 수입을 만드는 것으로 옮겨졌다.

조바심에 가득 차 비즈니스 규모를 빠르게 키우는 데에 쓰일 영업 기술이 있을 것이라 확신하며 인터넷을 뒤지며 시간을 보냈다. 그러던 중 마침내 1960년에 출간된 로이 간Roy Garn의 《감정적 호소의 놀라운 힘 The Magic Power of Emotional Appeal》이라는 책에 도달했다.

나는 비즈니스 지식을 기르고 삶을 감당하기 위한 자기계발, 마케팅 커뮤니케이션 책을 손에 넣으려 몇 년간 노력 계속해왔다. 그 노력의 정점에서 로이 간의 책을 발견한 것이다. 나는 '생각하라 그리고 부자로 성장하라'는 목표를 정했다. 매일 '성공하는 사람들의 7가지 습관'을 실행해 왔다. 내 삶을 치유하기 위해 나의 '제한적인 신념'을 바꿨다. '친구를 사귀고 사람들에게 영향을 주는 것'에 착수했고 '신경끄기의 기술'을 익혔다. '네 개의 약속'을 만들었다. 나는 스스로를 '악당'이라고 부르며 나의 모든 초능력 — 집중의 힘, 매력의 힘, 연결의 힘, 그리고 현재의 힘 — 을 수용했다. 그 모두를 말이다. 그러나 나는 그때까지 '시크릿'을 깨닫지 못했다. (론다 번Rhonda Byrne 작가님. 죄송해요.) 말하자면, 로이 간의 책을 우연히 만나기 전까지는 불가능했다. 〔이 문단에서 작은 따옴표 안에 있는 말은 모두 지은이가 참고한 도서의 제목에서 따온 말이다.〕

앉은 자리에서 이 책을 다 읽은 후, 나는 사람들이 흔히 얘기하는 유레카 순간을 맞았다. 사적인 관계, 커리어, 양육에서 왜 그러한 선택들을 했는지 깨달았다. 이 책은 매우 감동적이었다. 나는 나의 감정적인 호소가 어땠는지 바로 이해했으며 그것을 받아들였다. 그리고 약간 의아하게 들리겠지만 내가 만들었던 관계들을 다시 되돌아보며 나는 큰 안도감을 느꼈다. 놀랍게도 나에 대한 오해들이 풀렸다고 느껴졌다. 내 인생의 마법같은 순간과 씁쓸한 실망들이 비로소 이해가 되었다.

며칠 후, 우리 회사의 직원 샐러린은 나에게 이 경험을 공유하도록 강력히 권유했다. 그는 월요일 아침에는 내 주말의 성과를 알게 된다는 기대와 함께 출근하곤 했다. 나는 샐러린을 위해 반복적으로 더듬거리며 그 책의 핵심 메시지를 열심히 요약했다. 샐러린은 자신의 감정적 호소를 충분히 집어낼 수 있었다. 깨달음, 감사, 공감이 뒤섞인 그때의 샐러린의 표정을 결코 잊을 수 없을 것이다. 나는 사람들이 자신의 매력을 더 쉽게 평가하고 공유하고 사랑하는 사람들과 소통할 수 있도록 로이 간의 소재를 더 쉽고 단순하게 만들겠다고 마음속으로 다짐했다. 로이 간의 소구는 인간관계에서 마치 자석과 같이 작동한 것이 분명했다. 우리는 우리가 사람들의 필요needs를 이해하고 있느냐, 그리고 가장 중요하게는 그들과의 커뮤니케이션에서 이해한 바를 표현할 수 있느냐에 따라 사람을 끌어당기거나 밀어낸다.

로이 간의 책이 깨달음의 출발점이지만, 이 책은 사람들의 필요에 대해 이해를 바탕으로 한 친밀한 인간관계를 만드는create 것이 아니라 말로써 사람들의 필요에 호소하여 설득하는 것에 대해 이야기한다. 내 머릿속에 불이 번쩍 들어왔다. 사람들의 감정적 니즈가 의사결정을 주도한다는 사실을 깨닫고 나니 모든 것이 명확해졌다. 마케터에게 이것은 금과옥조였다.

나는 이제 사람들의 관계를 행복하거나 불행하게 만드는 것이 무엇인지 이해했다. 그리고 연인 관계 뿐 아니라 업무상 관계, 가족 관계, 우정에서의 불행에서도. 나는 즉시 이 책에서 여러분과 공유할 네 가지 감정적 자석에 대한 아이디어를 개발하기 시작했고 이는 우리의 커뮤니케이션을 개선하는 데 도움이 될 것이다.

   사람들이 성공적인 커뮤니케이션을 위해 반드시 충족해야 하는 감정적 니즈Emotional needs를 가졌다는 것을 인식하는 것도 유용했다. 이 지식을 고객과 비즈니스에 적용하며 나는 진정한 신봉자가 되었다. 놀랍게도 비즈니스에서 상당한 개선을 경험하기 시작한 것이다. 반면, 슬프게도 개인적인 삶은 거의 그대로였다. 여전히 전남편과 싸우며 공동 육아라는 불확실성에 시달리고 있었지만 곧 변화가 시작되었다.

   여러분은 아마도 사생활에서의 생산적이지 않은 커뮤니케이션으로 인한 숨막힐 듯한 곤경이 익숙할 것이다. 하지만 이 책에 나온 원칙을 적용하면 사생활에서도 친밀함을 향상시키고 관계의 연결을 강하게 할 수 있다. 사람들이 당신의 말에 귀기울이고 받아들이며, 사람들에게 이해받고 있다고 느끼게 된다. 또한 혼란을 최소화하고 문제를 회피하지 않고 직면하여 문제를 해결할 것이다. 사람들이 왜 그런 선택을 하는지 정의할 수 있다. 나아가 자신과 다른 사람들이 무엇에 의해 움직이는지 발견할 것이다. 이 새로운 이해는 커뮤니케이션을 더욱 잘 하게 할 뿐 아니라, 자신과 주위 사람들을 위해 더 나은 선택을 하게 한다.

이는 사람들이 자신의 행동에 책임을 질 필요가 없다는 뜻이 아니다. 우리는 모두 자신의 행동에 책임을 져야 한다. 우리는 자신의 감정적 자석이 무엇인지 알 때에 스스로의 행동을 이해하기 쉬워진다. 자신을 움직이는 것이 무엇인지 깨닫게 된다면 충동을 조절할 수 있다. 그리고 우리가 다른 사람들에게 동기 부여하는 것이 무엇인지 알게 된다면 타인을 향한 공감과 소통은 향상될 것이다.

나는 감정적인 필요에 대한 — 개개인 고유의 — 자기 인식을 높이기 위해, 그리고 긍정적인 개입을 통해 다른 사람과 원원하기 위해 영향력을 미치는 방법을 담은 심플하고 실질적인 가이드로 이 책을 썼다. 하지만 나는 심리학자가 아님을 분명히 해 두고 싶다. 나는 커뮤니케이션 전문가이다. 어떤 경험이 감정적 요구를 자극하여 불러오는 지 말하려는 것이 아니다. 펜데믹 중에는 사람들이 '안전을 필요로 한다'는 것처럼 명백한 것 이상을 말하려 한다. 파트 2에서 상세히 설명할, 사람들의 동기 요인과 걸림돌을 아는 것이 효과적인 커뮤니케이션의 두가지 주요 속성인 공감과 연민을 북돋도록 돕길 바란다.

이 책이 여러분의 커뮤니케이션 방법을 바꿈으로서 하나의 감정적 자석이 되도록 도와주기를 바란다. 여러분이 사람들의 감정적 니즈를 향해 말할 때, 그들이 여러분의 말을 경청하고 이해하게 될 것이다. 또한 사람들이 진정으로 원하는 것을 이해하고 그것을 어떻게 전달하는 지를 알게 될 것이다.

파트 1에서는 감정적인 자석이 어떻게 사람들의 흥미를 끌거나 밀어내는지, 어떤 커뮤니케이션상의 장벽blocker이 감정적으로 끌어당기는 커뮤니케이션을 막는지 설명한다. 얼마나 많은 사람들이 커뮤니케이션 블로커를 부지불식간에 사용하는지 알게 되면 깜짝 놀랄 것이다.

파트 2는 정말 유용한 파트이다. 감정적 자석을 자세하게 익히도록 돕는다. 이 부분을 읽다가 친구, 가족, 동료의 이름이 문득문득 떠오를 것을 단언한다.

마지막 파트 3은 감정적 자력을 향상시키는 데에 집중한다. 감정적 자석 퀴즈를 통해 자신의 감정적 자석을 파악하고 관계에서 감정적 자력을 가지는 네 단계 스텝을 배울 기회를 가질 것이다. 또한, 보너스로 더 읽을거리의 리스트를 부가적인 자료와 함께 나의 웹사이트 SandyGerber.com에 올려 놓았다.

이제 나는 사람들의 감정적 니즈를 받아들이고, 그 때문에 그들을 더 사랑한다. 만약 내가 내 생각의 변화에 이름을 붙여야 한다면 (나는 무엇이든 이름을 붙인다. 나는 마케터이므로!) 나는 사랑의 열차라고 불렀을 것이다. 나의 철학을 소개하자면, "많은 이들이 배우고 커뮤니케이션하고 감정적 자석을 공유하면 우리는 더 많은 연결을 만들고 더 많은 관계로 발전하여 잠재적으로 이 세상을 구원하여 더 많은 사랑을 만들어낸다."는 것이다.

   자, 감정적 자력을 만들어낼 준비가 되었는가.

PART I

감정적 자석이란 무엇인가?

CHAPTER 1
■■■■
자력을 가진
커뮤니케이션의 마법

글로벌 럼주 회사의 사람 여덟 명과 회의실의 앤틱 수레바퀴 테이블 앞에 둘러앉아 마케팅 전략 회의를 하는 중이었다. 갑자기 나의 핸드폰이 떨리기 시작했다.

평소 나는 방해받지 않기 위해 회의 전에 핸드폰을 무음 모드로 변경해 둔다. 하지만 그때는 유감스럽게도 진동이 울리지 않게 하는 것을 잊었다. 내 핸드백을 뚫고 나오는 진동은 CEO와 다른 모든 이들을 거슬리게 했다.

나는 방해에 사과하며 전화를 끄기 위해 핸드백으로 달려갔다. 그 모든 소음과 짜증의 원인이 나의 전남편이라는 건 놀랍지도 않았다. 내가 최상이라고 느끼는 바로 그 때 나를 나가 떨어지게 하는 재주가 있는 사람이다. 나는 진동을 해제하고 휴대폰을 핸드백에 던져 넣었다. 그의 방해에 화가 난 나는 잠시 쉬자고 제안하고 내 사무실로 들어가서 슬며시 문을 닫았다. 다른 사람들이 내가 우는 것을 보지 못하도록.

"그 사람 때문에 짜증내지 말자. 울기만 해봐." 나는 스스로를 달랬다. "회의실로 돌아가서 클라이언트의 소비자 니즈를 이해하는 데에 집중해. 그리고 놀라운 전략을 창조하는 마법을 부리자."

웨인 다이어Wayne Dyer의 말이 마음 속에 울려 퍼졌다. "바라보는 방식을 바꾸면 보이는 모습도 바뀐다."[1]

심호흡을 몇 번 하고 회의실에 재합류했다. 나는 그 회의의 초점을 '소비자 니즈 활동'에 옮기려 했다. 소비자 니즈 활동은 타깃 소비자에게 소구하는 언어를 사용하여 자석 메시지를 만듦으로써 고객사를 도와 왔던 방법이다. 화이트보드 앞에 선 나와, 우리가 고객사의 소비자 니즈를 짚어 내는 데에 가까워지고 있던 그 때 내면의 목소리가 쿵! 하고 울렸다.

"이 전략을 전남편에게 쓰는 거야."

곧바로 여러 생각들이 번개처럼 번쩍이며 마음속에 스치기 시작했다. 내가 사람이 아니라 물건, 럼 한병이라고 한다면? 진지하게. 나의 마케팅 전략은 무엇일까? 더욱 진지하게. 전남편의 감정적인 필요에 호소하여 그가 내 말에 귀를 기울이고 행동하도록 독려하려면 어떤 단어를 써야 할까? 기본적으로 나는 그가 럼 한 병(나)을 사도록 어떻게 말할 것인가? 풀어서 말하자면 그가 시간을 내어 육아 계획을 세우고, 지속하고, 그동안 친절하게 행동하게 하는 것은 무엇일까. 우리의 관계는 엉망이고 그가 나를 다시 좋아하도록 하는 방법도 없다. 그러나 공동 육아를 할 수 있을 만큼 잘 지낼 수 있다는 생각을 전남편이 받아들이도록 만들 수 있다. 그의 감정적 니즈에 호소한다면. 흥미롭고 새로운 커뮤니케이션 콘셉트이다. 이런, 나는 이미 지속적으로 이 모든 것을 시도해 왔다. 그리고 이 커뮤니케이션 콘셉트는 내 사업을 하늘로 쏘아 올렸다. 자, 내 사생활에도 적용해 볼까?

...

감정적 자력은 커뮤니케이션으로 시작해서 커뮤니케이션에서 끝난다. 종종 형편없는 커뮤니케이션은 갈등을 불러온다. 아마도 당신이 오해 받고 있다고 느끼면 갈등 상황에 처할 가능성이 높다. 비록 갈등의 원인이 형편없는 커뮤니케이션이 아니더라도 갈등은 커뮤니케이션을 통해 해결되어야 한다. 사적 관계이든 비즈니스 관계이든 파트너 사이의 관계에 문제가 해결되지 않는다면 갈등은 점점 고조될 것이다.

이혼을 신청한 부부들이 가장 많이 꼽는 이혼 사유를 정신건강 전문가에게 조사한 결과를 보자. 놀랍게도 65%가 그들의 결혼이 무너진 주요 이유로 커뮤니케이션 문제를 들었다[2]고 한다. 결혼이 끝나는 이유 중 과반수가 실패한 커뮤니케이션이라는 것이다. 43%를 차지해 두 번째로 많은 이혼 신청 사유는 갈등을 해결할 능력이 없다는 뜻이다.

이 조사 결과는 많은 커플들이 커뮤니케이션의 위기에 직면해 있다는 것을 잘 보여준다고 생각한다. 서투른 커뮤니케이션은 연인 관계에 불만족, 혼란, 초조함, 심지어 두려움마저 만들어 낸다. 오해, 비협조, 비난을 일삼는 경향이 있는 상대에게 자신의 의사를 표현하면 어떤 일이 벌어질지 두려워지는 것이다.

서투른 커뮤니케이션은 단지 사생활에만 영향을 미치지 않는다. 우리의 일도 심각하게 방해할 수 있다. 《하버드 비즈니스 리뷰 *Harvard Business Review*》에 따르면 승진과 보상의 최우선 기준은 효과적으로 커뮤니케이션 하는 능력이다.[3] 그리고 효과적인 업무 커뮤니케이션은 업계 평균보다 직원이직률을 50% 정도 낮춘다고 알려져 있다.

또한 높은 업무관여도는 높은 이익으로 연결된다. 2019년에 갤럽Gallup은 조사를 통해 미국의 35%의 직원만이 높은 업무관여도를 가지고 있다는 것을 밝혔다.[4] (2000년 이후 사상 최고 수치이다.) 또한 업무관여도가 높은 직원들이 근무하는 회사의 매출이 20% 향상되고, 이익은 21% 늘었다는 것을 발견했다.

업무관여도와 커뮤니케이션이 완벽하게 직접적인 상관관계를 가지지는 않지만, 갤럽은 커뮤니케이션을 높은 관여도의 네 가지 요소 중 하나로 꼽았다. 커뮤니케이션 없이 어떤 사람이나 일에 관여하는 것이 불가능함은 당연하다.

개인적인 관계에 있어 커뮤니케이션은 서로 관여하게 하고 이해하게 하는 연결고리이다. 일터에서도 커뮤니케이션은 직원들이 매일매일의 업무 뿐 아니라 회사의 비전과 문화에 기여하도록 경영진이 사용하는 수단이다.

커뮤니케이션의 양이 곧 효과적이고 매력적인 커뮤니케이션은 아니라는 점은 분명하다. 라디카티 그룹Radicati Group(IT업계 전문 시장조사 기업)의 통계에 따르면 2019년에는 매일 2,056억 통의 이메일이 발송되었다[5]. 이에 더해 음성 메시지, 문자, 전화 통화, 화상 통화, 소셜 미디어 등 많은 커뮤니케이션이 행해지고 있다.

  이 모든 수단이 우리의 커뮤니케이션 양을 늘렸지만 그렇다고 커뮤니케이션의 질도 더욱 좋아졌다고 할 수 없다. 사실상 그 많은 양으로 인해 잘못될 가능성도 많다. 페이스북에 올라 온 누군가의 고양이 동영상에 즉흥적으로 남긴 한 줄로 인해 관계는 펑!하고 수포로 돌아갈 수 있다. 악의 없는 농담이었겠지만…… 요즈음 우리는 끊임없이 많은 문자와 소셜 미디어에 의존하여 커뮤니케이션한다. 다른 사람과 매일 이야기하지만 커뮤니케이션은 여전히 잘 안 되고 있을 가능성이 있다는 말이다.

  대화를 나누며 상대가 당신에게 귀기울이고, 이해하고, 공감하고 있다는 것을 느낀 적이 얼마나 되었는가. 주위를 둘러 보면 세상에는 전혀 동기 부여가 안되는 격려 연설, 논쟁으로 바뀌는 간단한 코멘트, 한 사람은 듣는 것에 관심이 없거나 오해하고 있는 대화가 헤아릴 수도 없이 많다. 커뮤니케이션을 한다고 반드시 우리가 서로를 이해한다고는 할 수 없다. 우리가 하는 이야기에 사람들이 참여하는 것을 의미하지도 않는다. 신문의 헤드라인을 훑거나 식료품점에서 타인의 대화를 듣거나 라디오를 듣는 것으로도 분명해진다. 수백만 명의 사람들은 제대로 이해 받지 못한다고 느끼며, 좌절하고, 화낸다.

직원들의 참여를 이끌어내려면 그들에게 열정을 불러일으키는 말을 하는 방법으로 커뮤니케이션해야 한다. 회사의 비전을 직원들에게 큰 소리로 읽어 준다고 해서 반드시 그들의 참여를 이끌어낼 수 있는 것은 아니다. 상대가 어떤 사람인지, 어떤 감정적 니즈를 갖고 있는지 고려하지 않고 데이트를 계획하면 로맨틱하지 않은 저녁이 될 것이다. 내 말을 믿어도 좋다!

내가 가장 좋아하는 커뮤니케이터 중 한 명인 존 맥스웰 John C. Maxwel은 《인간관계 맺는 기술 Everyone Communicates, Few Connect》에서 가치 있는 통찰을 공유한다. "다른 사람들과 연결되려면 스스로를 극복해야 한다. 초점을 안에서 밖으로, 당신을 떠나 다른 이에게로 옮겨야 한다. 초점을 자신에게서 상대방으로 옮기는 것을 배우면 온 세상이 우리에게 열릴 것이다."[6] 기본적으로 맥스웰이 말하는 바는 당신이 커뮤니케이션 하려 하는 상대가 무엇을 필요로 하는지 알아야 한다는 것이다. 또한 자신이 무엇을 필요로 하는지 전달할 줄 알아야 한다는 뜻이다.

원하는 것 VS 필요한 것

감정적 자력은 사람들이 무엇을 필요로 하는 지 이해하는 모든 것을 뜻한다. 그런데, 사람들이 원한다want고 말하는 것과 감정적으로 필요need한 것에는 종종 차이가 있다. 사려던 상품과 다르더라도 결국 감정적 니즈needs를 충족시키는 상품을 구입하는 경우가 99%는 된다고 생각한다.

새로운 자동차를 산다고 가정해 보자. 아마도 당신은 실질적인 필요보다 감정적으로 원하는 것을 바탕으로 자동차를 고를 것이다. 그리고 영리한 영업 사원은 당신에게 자동차를 제안할 때에 이 점을 어떻게 활용할지 알 s것이다. 하지만 감정적인 필요는 사람마다 다르다. 누군가에겐 최저 가격이 가장 중요할 것이다. 또 다른이에게는 안전이다. 나에게 가장 중요한 것은 시운전이다. 이 차를 모는 것이 어떻게 느껴지는 지 말이다. 당신은 아마도 가능한 한 비용이 적게 드는 연비 좋은 차를 원할지도 모른다. 만약 차에서 안전한 느낌을 필요로 한다면 아마도 비용을 감당할 수 있을 만큼, 혹은 자신이 감당할 수 있다고 생각하는 범위에서 가장 높은 안전 등급의 차를 살 것이다. 심지어 최고의 안전 등급을 갖춘 차를 살 여유가 된다고 스스로를 설득할

지도 모른다.

    이제, 잠시 시간을 내어 안전에 대한 감정적 니즈에 주목해 보자. 이성적으로 원하는 대로 당신은 연비가 좋고 예산에 맞으며 안전 등급이 높은 자동차를 선택할 것이다. 그것이 진정으로 — 감정적으로 그리고 실질적으로 — 필요로 하는 것이다. 하지만 자신의 진정한 필요를 인식하지 못하면 감정적 니즈가 무의식적으로 결정을 지배할 가능성이 높다. 그렇다면 신용 카드 대금과 그 밖의 모든 것을 길바닥에 버리게 되는 꼴이 된다. 하지만 감정적 니즈를 무시하는 것에도 대가가 따른다. 저렴하고 연비가 좋더라도 안전하다고 느끼지 못하면 결국 구입한 차에 만족하지 못할 것이다.

    로이 간의 《감정적 호소의 놀라운 힘》을 읽고, 나는 감정적인 필요가 우리 삶의 저변에 어떻게 존재하는지 온전히 알게 되었다. 나아가 이보다 더 많은 것이 있음을 깨닫고 이들 네 가지 감정적 니즈의 조합이 사람을 어떻게 움직이는 지 끊임없이 생각했다.

S.A.V.E. 관계를 구하기 위한 네 가지

커뮤니케이션은 우리가 하는 많은 것의 뿌리이자 관계가 실패하는 주요한 원인이다. 따라서 관계를 더욱 좋게 만들고 싶다면 사람들의 감정적 니즈가 네 가지 카테고리로 나뉜다는 것을 이해해야 한다.

나는 이 카테고리를 네 가지 감정적 자석이라고 부른다. 다른 사람과 커뮤니케이션하는 것은 상대에게 가장 끌리는 자력을 가진 감정적 니즈에 소구하는 것이기 때문이다. 이것이 그들에게 관여하고 감정적인 자력을 지니게 한다! 쉽게 기억하도록 이 네가지 감정적 자석의 약어 SAVE를 만들었다.

- 안전 **S**afety
- 성취 **A**chievement
- 가치 **V**alue
- 경험 **E**xperience

이들 감정적 자석에 대한 자세한 내용은 이 책의 파트 2에서 다룰 것이다. 먼저, 이 감정적 자석이 어떻게 우리 삶속 선택을 이끄는 지를 논하겠다. 이들은 보통 우리의 행동과 나란히 서서 우리를 앞으로 나아가게 하기도 한다. 우리는 항상 자신의 감정적인 필요를 충족시키려 노력한다. 아마도 여러분은 이 모든 자석에 끌릴 지도 모른다. 필요는 분명 삶의 흐름에 따라 옮겨 다니겠지만 보통은 하나의 감정적 자석이 인생에서 대단히 중요한 결정을 하게 하는 경향이 있다.

감정적인 필요는 우리가 (누구의 말에 귀기울이는가를 포함하여) 관심을 가지는 것이고 우리가 내리는 선택이며 궁극적으로 행동으로 이끈다. 이는 당신이 어떤 이의 감정적 자석을 향해 말하거나 그에 대해 경험하도록 한다면 당신이 자력을 가져 자석이 된다는 것을 의미한다. 어째서? 그들의 감정적인 니즈에 다가갔기 때문이다. 당신은 누구에게든 감정적 니즈에 호소하여 그들이 행동하도록 동기를 부여할 수 있다. 이는 관계 속에서 상대방의 감정적 니즈에 호소하도록 자신의 생각과 아이디어를 보여줄 수 있다는 것을 의미한다. 둘이서 각자의 필요가 충족되는 지점에서 함께 할 수 있는 삶을 마련할 수 있다는 의미이기도 하다.

네 가지 감정적 자석을 알게 되면서 친구, 가족, 연인과의 관계를 돌아보고 그들과 왜 충돌했는 지 깨닫는 자신을 발견할 것이다. 아버지는 당신이 로스쿨에 가서 안정적인 커리어(안전)를 가지길 원했지만 당신은 세계 각지에 서핑하러 가기(경험)을 원하고 파트너는 1년에 다섯 번의 마라톤(성취)을 원하는 반면, 당신은 충분한 은행 잔고(가치)를 확보하려고 노력한다. 어떤 이가 왜 그런 행동을 하는지, 당신이 데이트, 여행, 육아 계획에 대한 역대급 아이디어를 말할 때에 그들이 왜 듣지 않는지 불현듯 명확해진다.

사람들의 감정적 자석을 발견하면 당신은 그들 인생의 선택과 현재의 욕구에 대한 완전히 새로운 차원의 공감을 느끼게 될 것이다. 상대방과 싸우는 대신에 그들의 니즈를 충족시키면서 또한 자신의 필요에 주목하는 방법을 모색하게 된다. 어떤 상황에는 어떤 사람이 필요한지를 깨닫는다. 새로운 사업을 시작한다고 하자. 만약 당신과 비즈니스 파트너가 둘 다 경험에 의해 움직인다면 팀원, 멘토, 컨설턴트는 안전과 가치에 의해 움직이는 사람을 선택하는 것이 좋다.

한 분야에서 성공하려면, 다른사람의 도움을 받지 않기로 결정했더라도 자신에게 끌리는 것 외에 다른 요소도 고려해야 한다는 점을 배울 수 있다. 예를 들어 고객에게 놀라운 경험을 제공하는 비즈니스를 만들면 훌륭한 제품이 보장된다. 하지만 비즈니스로서 살아남기 위해서는 가격대를 적절히 책정하고(가치), 훌륭한 조직 구조를 만들고(안전), 제품을 성공적으로 출시하여 판매 목표를 달성해야 한다(성취).

만약 어떤 사람이 당신의 결혼식을 기획한다면 그 사람은 눈부신 아이디어를 가진 친구가 되어야 할까(경험)? 언제나 최고의 제안을 하는 친구여야 할까(가치)? 결혼식의 최신 트렌드를 찾아내고 세세한 것을 잘 조직하여 당신의 중요한 날이 순조롭게 진행되도록 할 친구일까(안전)? 또는 위의 모든 것의 조합을 가진 친구일까? 자신과 다른 사람들이 무엇에 끌리고 움직이는지 알게 된다면 많은 실패를 피할 수 있다.

다만 어느 누구도 한 가지 감정적 자석에 100% 이끌리지는 않는다는 점을 유념하여야 한다. 즉, 메인 감정적 자석이 안전이라고 해도 이게 언제나 적용되지는 않는다. 65%는 안전에, 25%는 성취에, 10%는 나머지 감정적 자석의 혼합으로 움직이는 사람도 있다.

감정적 자석을 4차선 고속도로라고 생각해 보자. 각 차선은 서로 다른 감정적 자석을 가졌고 사람들은 각각 네 개 차선 중 하나에서 달리고 있다. 어떤 사람은 차선을 바꿔가며 달리지만 대부분의 사람들은 대개 한 차선을 고수하는 경향이 있다. 당신은 자신이 운전하는 차선이 안전, 성취, 가치, 경험 중 어느 차선인지, 그리고 주위 사람들이 (만약 선택할 수 있다면 구입하려는) 차를 어느 차선에서 운전하고 있는 지를 말할 수 있다.

감정적으로 안전에 쏠려 있고 자신과 주변 사람들에게 안전과 안정을 제공하고자 한다면 감당할 수 있는 범위에서 가장 높은 안전 등급을 받은 차량을 구매할 것이다. 하지만 안전이 가장 큰 관심사가 아니고 목표를 달성하고 노력에 대한 인정을 받고 싶어하는 사람도 있다. 그렇다면 그 사람은 각종 테스트에서 우수한 성적을 거뒀거나 수상 경력이 있는 등 삶에서 이룬 성취를 반영하는 자동차를 선택할 것이다.

시간, 비용을 투자해 얻는 가치가 중요한 사람도 있다. 이들은 가장 저렴한 차나 투자 비용 대비 최고의 품질을 제공하는 차 등 가격 대비 가장 높은 가치를 제공하는 차를 구매할 것이다. 환상적인 승차감이 가장 중요한 경우라면 시승이 가장 즐거웠거나 새로운 기능을 갖춘 차를 선택할 것이다.

어떤 상품을 판매하거나 마케팅을 할 때라면 타깃 집단

의 한 두개의 메인 감정적 자석에 호소하도록 메시지를 만들어야 한다. 개인이 아닌 집단을 대상으로 전달하려는 메시지도 있다. 이런 경우에는 그 집단의 주요 감정적 자석을 알아내야 한다. 혼합된 묶음이라면 네 가지의 감정적 자석을 모두 전달해야 한다.

자동차 영업 사원이 되어 보자. 가망 고객의 감정적 니즈를 충족시킬 수 있는 자동차를 보여주는 게 판매로 이어질 뿐만 아니라 조직에서 최고의 영업 사원이 될 가능성이 높아진다. 하지만 이는 감정적 자석을 올바르게 사용할 경우에만 가능하다. 감정적 니즈에 소구하여 팔 수 있다는 이유로 고객은 원하지 않는 제품을 판매하기 시작하면 구매후 후회를 하는 고객의 무리가 생기고 회사의 평판은 바닥을 치게 될 것이다. 그러므로 브랜드를 사랑하는 고객을 만들려면 영업과 마케팅의 윤리가 중요하다. 소셜 미디어가 점점 부상하고 있는 문화에서 브랜드에 대해 입소문을 내는 충성도 높은 고객이 더욱 중요해지고 있기 때문이다.

감정적 자석을 연결하기 위해 커뮤니케이션에 공을 들이고 집중적으로 노력하면 상대방은 귀를 기울이기 시작한다. 그리고 원하던 바라면, 당신의 충분한 설득에 행동으로 옮긴다. 나는 전남편의 주요 감정적 자석을 알게 되면서 그가 공동 육아에 설렘을 느끼도록 커뮤니케이션하는 방법을 터득했다. 오케이, 아마도 설렘이라고 하면 조금(100배 정도!) 과장이지만 그가 나와 협력하여 공동 육아에 참여하도록 충분히 긍정적으로 영향을 미쳤다. 우리의 관계와 그의 커뮤니케이션은 적대적인 것에서 호의적으로 바뀌었고 아이를 둘러싼 여러가지 상황을 어떻게 처리해야 할 지 더 쉽게 합의할 수 있었다. 우리가 친구가 되었다는 말이 아니다. 하지만 놀랍게도 우리는 아이들이 10대의 방황을 겪을 때에 아이들을 돌보며 크리스마스를 함께 보내기도 했다. 전남편과 나는 우리의 결혼 기간 동안 제대로 커뮤니케이션하는 법을 배운 적은 없었다. 그렇지만 나에겐 그와 함께 공동 육아를 하고 우리의 아이들에게 가능한 최고의 어린 시절을 만들어 주고 싶은 열망이 있었다.

    모든 좋은 관계의 바탕엔 상대방의 감정적 니즈를 만족시키고 싶다는 마음이 있다. 하지만 가끔은 그 마음 때문에 관계에서 길을 잃기도 한다. 의도한 바가 아니었더라도 한번 서로를 상처주기 시작하면 상대의 감정적인 필요를 채우려 하기를 멈춘다. 두려움에 입을 다물거나 비난하는 말과 행동으로 복수할 방법을 찾는다.

전남편과 나는 서로의 감정적 니즈를 충족시켜야 한다는 기대를 버린채 결혼생활을 했었다. 하지만 나는 공동 육아는 관계의 또다른 형태라는 것을 깨달았고 우리 둘 다 이에 감정적 니즈를 가지고 있었다. 그게 제대로 돌아가게 하기 위해 나는 그의 감정적 니즈를 고려하기 시작했다. 심술궂은 말에 대꾸하거나 논리적으로 설득하는 전혀 효과적이지 않았던 방법 대신에 말이다. 전남편의 감정적인 니즈에 호소한 효과는 환상적이었다.

관계에 있어 감정적 자석은 상대방에게 가지는 기대를 단순화하는 것을 돕고 서로를 이해하는 방법을 배움으로써 더 깊은 관계를 만들게 한다. 기대를 단순화한다는 말은 현실을 볼 수 있도록 한다는 뜻이다. 예를 들어, 안전에 끌리는 사람은 당신과 세계일주 티켓을 끊어서 어딘가로 떠나지 않을 것이 거의 확실하다. 이렇듯 우리는 상대가 자신의 고유한 감정적 니즈를 반영하지 않는 방법으로 행동했을 때에도 실망하지 않는다. 대신 상대방이 필요로 하는 것에 공감하는 법을 배우는 동시에 행복을 위해 자신에게 필요한 것을 표현할 수 있다.

나는 긴 시간 사랑해 온 나의 연인 크리스와의 첫 데이트에서 감정적 자석에 대한 생각을 공유했다. 호스슈만의 트롤스 레스토랑에서 피시앤칩스를 먹으며 감정적 자석에 대해 설명한 점심식사를 결코 잊지 못할 것이다. 식당의 직원이 우리의 빈 접시를 치울 때까지 나는 나에게는 변화와 창의성(경험), 설정한 목표를 완성하는 것(성취)이 필요하다고 이야기했고 그가 감정적으로 충족되기 위해서는 안정되고 확고한 커리어(안전), 그리고 재정적인 책임감(가치)이 필요함을 알아냈다. 첫 번째 데이트 치고는 꽤 심오한 대화이지 않은가?

감정적 자석은
시간의 흐름에 따라 바뀔 수 있다

당신은 감정적 자석이 어떻게 우리의 삶을 만드는 지를 알게 되었다. 이제 감정적 자석은 당신의 연령에 따라 바뀔 수 있다는 걸 알아야 한다. 극단적인 환경의 영향, 또는 문화적 배경을 반영할 수도 있다.

인간은 삶의 다양한 경험을 통해 변화한다. 하나의 큰 사건은 수많은 작은 사건과 마찬가지로 당신을 변화시킬 수 있다. 예를 들어 당신이 성공과 안정의 특정 수준을 달성하면(안전), 삶에서 더 많은 경험을 쌓는 데에 집중하는 자유로움을 느낄 것이다. 아마도 어떤 업적을 이루면(가치), 이제는 영혼을 울리게 할 경험에 더 많은 흥미를 가질 수도 있다. 또는 여러가지 힘든 일을 겪었다면 더욱 안정적이고 편안한 삶을 고대할 것이다(안전).

감정적 니즈는 우리가 처한 상황에 의해 촉발된다. 몇 년 전, 부모님이 돌아가신 후 나는 루프스를 진단받았고 나의 감정적 자석은 바뀌었다. 나의 신체 건강 상태는 조금 힘들어졌고 미래를 크게 걱정하게 만들었다. 그래서 나의 두 번째 감정적 자석은 성취에서 안전으로 변화했다. 코로나19 팬데믹 또한 사람들의 안전에 대한 감정적 니즈를 급등시켰다. 내 테드TEDx 코치의 남편은 예전에는 경험이었던 자신의 메인 감정적 자석이 팬데믹 동안 변한 것을 발견했다. 아내의 떨어진 폐기능은 그의 가장 큰 걱정거리가 되었다. 그 결과, 보다 안전 지향적이 되어 경험에 두었던 감정적 니즈의 우선 순위를 아내의 건강과 안전에 두게 되었다.

감정적 니즈는 트라우마나 어린시절의 강렬한 경험에 의해 확대되기도 한다. 만약 외국으로 이주하거나 전쟁으로 폐허가 된 나라에서 산 경험이 있다면 안전에 대한 필요는 좀 더 뚜렷해지고 환경이 바뀌어도 지속될 것이다. 매우 불안정한 어린 시절을 보낸 사람은 안전한 상황이 안전하지 않게 보일 정도로 안전을 열망할 것이다. 그들은 경계와 구조에서 안전함을 느끼기 때문에 만약 루틴이 깨지면 무너진다.

종종 극적인 상황에서 또 다른 감정적 니즈가 활성화되기도 한다. 등산을 하다가 예기치 못한 눈보라를 만났다면 당신의 주요 감정적 자석이 무엇인지는 상관없이 당신은 안전에 의해 움직인다. 물론 보통 경험이나 성취에 의해 움직이는 사람은 안전을 메인 감정적 니즈로 하는 사람보다 큰 위험을 감수할 것이다. 하지만 예를 들어 사고로 손가락을 잃는 등 산의 눈보라로 큰 충격을 받는다면 당신은 이후에 좀더 안전에 의해 움직이게 된다.

문화의 영향을 받아 변하기도 한다. 핵심적인 감정적 니즈는 보편적일지라도 문화적 차이는 감정적 자석의 특성과 행동이 달라지게 만들 수 있다.

예를 들어, 북미에는 세계적으로 알려진 아메리칸 드림이라는 문화가 있다. 아마도 미국의 이웃들은 우리 캐나다인보다 그것을 더 중요하게 여길 것이다. 하지만 우리가 자수성가한 사람을 축하하는 경향이 있다고 말해도 지나치지 않다. 성공을 뽐내는 것이 자아도취처럼 보일지 몰라도 당신이 일궈낸 것을 보여주는 것은 그렇지 않다. 우리는 스스로 무엇인가를 이룬 사람들에게 열광한다. 그렇지 않은가? 우리는 충분히 열심히 일하고 옳은 수단을 쓴다면 누구나 성공할 수 있다고 믿는다.

스웨덴에는 얀테라겐Jantelagen 또는 '얀테의 법칙'이라는 개념이 있다. 번역하자면 "너는 그 누구보다 잘나지 않았다"라는 뜻이고, "너의 이웃보다 많이 가져서는 안된다"고 풀이된다. 간단히 말하자면 스웨덴에서는 너무 부자가 되는 것은 죄악시되는 것이다. 큰 부자가 된 사람이라도 여전히 이케아에서 가구를 사는 것을 보여주는 것이 좋다. 스웨덴의 정신은 평등을 중심으로 돌아간다. 북미에서 성취라는 감정적 자석에 이끌린 사람과 스웨덴에서 성취에 이끌린 사람은 다소 다르게 행동할 것이다.

사람들은 문화적 배경에 영향을 받아 다양한 감정적 자석을 표출할 수 있다. 행동, 신호, 단서는 각자 처한 문화적인 환경에 따라 달라진다. 무엇보다 먼저, 자신을 이해하는 것이 감정적 자석을 배우는 것이다. 그래야 자신이 무엇을 필요로 하는지를 전달하고, 다른 사람의 필요를 이해하고, 당신이 이야기하는 대로 움직이도록 영향을 끼칠 수 있다.

하지만 나는 또한 조종manipulating에 대해 이야기하는 것이 아니라는 점을 분명히 하고 싶다. 다른 사람들의 필요를 이해함으로써 누군가에게 영향을 미치는 것과 그들을 조종하는 것은 큰 차이가 있다.

영향 끼치기 vs 조종하기

감정적 자석의 세계에는 긍정적인 관계를 만들어내기 위해 상호작용하는 세 가지가 있다. 공감empathy, 진정성authenticity, 긍정적 존중Positive regard이다.

공감은 커뮤니케이션 상대의 입장을 이해하는 능력이다. 당신이 그들에 대해 신경 쓰고 그들의 상황에 대해 염려하고 있다는 것을 상대방에게 보여줄 수 있어야 한다. 이는 반드시 그들에게 동의해야만 한다는 뜻은 아니다. 하지만 그들이 표현하는 것을 이해할 필요가 있다는 뜻이다.

진정성은 자신을 알고, 자신의 말과 행동이 다른 사람들에게 어떤 영향을 주는가를 이해하는 것이다. 이것은 자신을 명확하고 진실하게 표현할 수 있도록 해준다.

긍정적 존중은 상대에게 집중하며 그들의 상황을 진지하게 받아들이는 능력이다. 궁극적으로 그들이 존중받고 있다는 느낌으로 이끌어준다.

공감, 진정성, 긍정적 존중을 적용하면 당신은 다른 사람들을 이해하게 되고 다른 사람들이 당신을 이해할 수 있는 방법으로 당신을 표현하게 된다. 하지만 누군가와 긍정적인 관계가 되어 영향을 미치는 것과 다른 사람을 조종하는 것의 차이를 이해하는 것은 중요하다.

감정적 자석은 조종이 아니다. 누군가에게 호소력을 발휘하도록 메시지를 구성한다고 해서 반드시 원하는 결과가 나온다고 할 수 없다. 다만, 당신의 메시지는 즉시 거부되는 대신에 귀기울여지고 받아들여질 것이라는 뜻이다. 그리고 관계는 깨지는 대신에 발전할 것이다.

앞에서 나는 전남편과의 공동 육아에 문제가 있음을 밝혔다. 공동양육을 둘러싼 더 긍정적인 관계를 찾으며 나는 그의 도덕과 신념에 반하는 무엇인가를 하도록 강요하려 하지 않았다. 또한 잘못된 방법으로 무언가를 표현하거나 그가 필요하지 않은 것에 수천 달러를 쓰게 하도록 노력하지도 않았다. 나는 오로지 공동 육아는 그의 삶에 도움이 되고, 그의 감정적 니즈가 충족되는 길임을 제시했다. 그를 더욱 잘 이해하며 감정적 니즈에 공감하려 노력했다. 이러한 접근을 통해 나는 그가 못된 말을 날릴 때에 잔소리 하거나 쏘아붙이려는 과거의 충동을 내 나름의 방식으로 억제할 수 있었다. 대신에 나는 매사에 긍정적으로 변화하여 내가 그에게 필요로 하는 것을 진정성 있게 표현했다.

조종과 잔소리 같은 행동들은 관계에서의 효과적인 커뮤니케이션을 부족하게 만들기 마련이다. 조종은 당신이 원하는 것에 초점을 맞추고 있으므로 커뮤니케이션의 실패를 가져온다. 다른 사람의 이야기를 듣는 것을 잊어버리는 바로 그 때 커뮤니케이션은 헛수고가 된다.

조종하는 사람들은 커뮤니케이션을 통해 상대를 이해하거나 이해 받으려 하는게 아니라 상대에게서 무엇인가를 얻으려 한다. 이것은 대개 관계를 무너뜨리는 오해를 가져온다. 하지만 우리는 모두 관계에서 무엇인가를 원한다. 그렇지 않은가? 그렇고 말고. 그게 바로 다른 사람이 우리를 이해하게 하는 방식으로 진정성 있게 커뮤니케이션하는 법을 배우는 이유이다. 당신이 진실해지면 원하는 것을 확실하게 말할 것이다. 이게 바로 타인을 조종하는 것과는 다른 점이다. 조종을 하는 사람은 상대가 듣고 싶어한다고 생각하는 말을 하거나 작은 신호를 던진다.

가끔 우리는 잔소리나 험악한 말을 하거나 위협함으로써 우리가 원하는 것을 얻으려 노력한다. 이런 종류의 조종은 일시적으로 효과가 있을 지 모르지만 훌륭한 관계를 만들어내지는 못한다. 잔소리하는 것보다 상대의 감정적 니즈에 연결되는 것이 효과적이다. 그 방법을 알아 보자.

당신이 양말을 세탁물 바구니에 넣는 것을 지속적으로 잊고 있다고 하자. 이는 파트너가 짜증을 내는 요인일 것이다. 당신의 파트너는 끈질기게 잔소리하는 대신 이것을 본 다음날 말한다.

"이봐. 허니, 당신 또 양말을 잊어버렸네. 사소한 일이라는 거 알아. 하지만 내게 깔끔함은 매우 큰 의미란 말이야. 그러니까 자기가 나를 위해 양말을 세탁물 바구니에 매일 넣어준다면 정말 좋겠어. 진심으로 감사할거야."

그는 당신에게 키스하기 위해 몸을 기울였고 당신은 바구니에 양말을 넣었다. 얼굴에 미소를 띠우며.

"자기, 고마워. 진심으로 고마워." 또 한 번 키스. "이게 우습다는 걸 알아, 나에게는 많은 의미가 있어. 그러니까 고마워."

이러한 몇 번의 긍정적 강화 후, 당신은 당신의 양말을 집어 드는 것에 좀 더 강한 동기가 생길 것이다. 상기想起를 몇 번 거쳐야 하겠지만 이런 종류의 상기라면 누가 피하겠는가? 나는 아니다!

파트너가 당신을 행복하게 만들면 만들수록 당신도 상대를 더욱 기쁘게 할 수 있는 게 중요하다. 행복한 관계는 양쪽 모두 기꺼이 상대방을 기쁘게 해주고자 하는 의지로 이어진다. 그리고 파트너가 자신의 니즈를 긍정적으로 표현한다면 당신은 스스로를 방어할 필요를 느끼지 못하고 그들의 요구를 바보같다고 생각하지도 않는다. 화가 나서 퍼붓지 않고 적절한 설명을 하기 때문이다. 이를 통해 상대방의 필요를 이해할 수 있다.

위협하고, 빌고, 애원하고, 잔소리하면 열에 아홉은 변화로 이끌지 못한다. 반면 서로의 감정적 니즈를 이해하고 만족시키는 것을 찾는 것은 변화를 일으킬 수 있다. 그것은 모두 듣는 것에서 시작된다.

내적 대화: 마음 속의 라디오

스티븐 코비Stephen Covey는 그의 저서《성공하는 사람들의 7가지 비밀 *The 7 Habits of Highly Effective People*》에서 듣기에 대해 이야기한다. 그는 사람들을 이해하고 서로 커뮤니케이션하기 위해서는 듣는 법을 배워야 한다고 말한다.[7] 즉, 당신은 누군가가 말하는 것에 집중해야 한다는 것이다.

다른 사람들이 말하면 우리는 들어야 한다. 그렇게 하고 있는가? 우리 대부분은 다음에 할 말을 생각하느라, 상대방이 자신에 대해 어떻게 생각하는지 생각하느라, 그들이 말하는 것을 내 삶에 연결짓느라, 그들이 말하는 것을 판단하느라, 그들이 이야기를 멈추기 전에 문제를 해결하는 방법을 찾느라 바쁘다.

우리는 자주 내적 대화에 너무 몰두하는 탓에 앉아서 주위를 둘러보며 보이는 모습, 들리는 소리, 느껴지는 감정, 맡아지는 향기를 있는 받아들이는 경우가 드물다. 아니, 그것에 대해 추측하느라 바쁘다. 저 차 멋지네. 나는 저런 스타일의 집이 싫어. 나는 내 정원의 꽃이 좋아. 저 사람은 화난 것처럼 보이는 군. 영원히 투덜댈 것처럼 보이잖아.

하지만, 편견과 추정에만 사로잡히지는 않는다. 그렇다.

우리는 현재 아무것도 할 것이 없다는 생각에도 사로잡힌다. 어떤 사람과 논쟁 이후에는 그에 대한 생각에 사로잡혀 다른 사람에게 퉁명스럽게 대할 수 있다. 마찬가지로 사흘 전이나 사흘 후의 회의에 대해 걱정하느라 바쁠 수 있다.

   내적 대화의 문제는 얼마나 많은 혼잣말을 하는 지 스스로 깨닫지 못하는 경우가 많다는 점이다. 당신은 왜 그렇게 느끼는 지 스스로에게 묻는 지경에 이르기까지 꼬박 한시간 또는 종일 투덜거릴 수 있다. 이제 잠시 시간을 내어 오늘 당신이 스스로에게 무엇을 말하는지 물어 보자. 마음 속에 어떤 라디오 채널을 틀어 놓았는지. 행복한 노래가 나오는 채널인지 슬픈 발라드를 트는 채널인지 당신의 화를 누그러뜨릴 명상 음악이 나오는 채널인지?

   가끔 내적 대화는 입밖으로 튀어 나온다. 갑자기 자신의 이마를 치면서 말하기도 한다. "나는 정말 바보야!" "나는 언제나 늦어! 왜 내 자신에게 이런 짓을 하지?"

   마음속 대사를 바꾸지 않는 한 같은 일을 반복해서 똑같은 방식으로 경험하게 될 것이다. 우리는 생각하는 것에 의해 움직이기 때문이다. 내적 대화는 하루 종일 우리의 기분과 행동을 지배하게 되는 것이다.

   많은 혼잣말은 우리가 그것을 알아채기 전까지는 무의

식적이고, 어떤 혼잣말은 어린시절에 발달한 대응기제에 기인한다. 부모가 당신의 잘못을 비난했기 때문에 당신은 항상 정답이기를 바랄 것이다. 그 욕구는 불행하게도 다른 사람들과의 효과적인 커뮤니케이션을 방해한다. 만약 당신이 그들의 말을 있는 그대로 듣지 못하고 그들의 관점을 받아들이지 못한다면 사람들은 무시당한다고 느낄 것이다. 당신이 고등학교에서 못된 친구들의 괴롭힘을 처리하기 위해 그들을 비난했던 것이 도움이 되었을지라도 지속적으로 친구를 비난하는 것은 좋지 않다. 좋은 소식? 듣는 능력과 대화에 온전히 참가하는 능력을 저해하는 원인을 알게 된다면 적절한 조치를 취할 수 있다!

이 문제를 해결하려면 마음속의 혼잣말 라디오를 꺼야 한다. 가장 효과적인 방법은 자신을 현재로 데려와 어떤 추측이나 판단 없이 실제로 일어나는 일에 집중하는 것이다. 그리고 호기심을 가지는 것이다. 상대가 말하는 내용을 듣고 주의를 기울이기 시작해야 한다.

한 가지 팁을 드리겠다. 대화를 하기 전에 스스로의 마음속에서 어떤 일이 일어나고 있는지를 체크하라. "내가 망쳤을 지도", "내가 엉뚱한 말을 했나", "망했으면 어떡하지"라고 생각하는가? 이런 생각은 현재에 집중하며 명확하게 사고하는 당신의 능력을 상당히 손상시킬 것이다.

자신이 안절부절못하거나 상대와 문제가 있다는 사실을 인정하는 시간을 가지자. 그 감정과 함께 잠시 머무르다 보면 그게 사라지는 것을 볼 수 있다. 당신을 현재로 데려오면서 마무리하라. 주위에서 무슨 일이 일어나는지를 체크하라. 듣고 냄새 맡고 보이는 것을 관찰하라. 대화하면서 계속 현재에 집중해야 한다. 상대에게 호기심을 가지자. 선입견, 두려움, 희망을 버리고 그저 호기심을 가지면 된다.

다행히도 이 책을 다 읽고 나면 다른 사람들이 커뮤니케이션하는 방법에 엄청난 호기심을 가지게 될 것이다. 그리고 곧 커뮤니케이션의 수사관이 될 것이다.

CHAPTER 2

□□□□

서로 밀어내는
커뮤니케이션 방법

나는 하루 종일 내 좋은 친구 에밀리와의 저녁 약속을 기대하고 있었다. 우리 둘의 만남은 몇 달 만이었고 우리의 스케쥴은 일과 아이, 가족에 대한 의무로 가득차 있었다. 비통함에 가득차 있던 나에겐 친구들의 지지와 공감이 진심으로 필요했다. 멀리 사는 자매들과의 거리가 실감됐다.

   평소처럼 나는 우리가 제일 좋아하는 약속장소, 테이블 간 간격이 충분하여 허심탄회한 대화가 가능한 동네 펍에 에밀리보다 먼저 도착했다. 피노 그리지오 와인 한 잔을 주문하고 그가 도착하기를 열렬히 기다렸다. 10분 뒤에 에밀리로부터 문자가 왔다. "오마이갓! 어쩜 좋아. 미안해, 나 늦어. 네가 늦는 걸 싫어하는 걸 알아. 나 지금 출발해. 곧 봐. 빨리 만나고 싶다!" 약간 짜증이 났지만 놀랍지도 않았다. 이메일을 살피며 친구를 기다렸다.

"여기 있네! 오, 샌디. 지난 번 본 이후로 고생이 많았지. 한 번 안아보자" 에밀리는 팔을 뻗어 나를 당겨 꽉 껴안았다. 이 행동은 나를 미소 짓게 만들었다. 나는 엉망진창인 내 삶을 이 친구에게 모두 쏟아내고 싶었다.

"페이스북에 올린 글 보고 눈물이 났어. 다 말해 봐"

에밀리는 내 팔을 꽉 쥐며 말했다.

"음, 진짜 끔찍했어. 몇 주 전에 엄마가 돌아가시고 엄마를 기릴 충분한 시간도 갖지 못했어. 아버지가 암 4기 진단을 받으셨거든." 나는 머리를 가로저으며 말했다. 이런 사건들을 여전히 부정하면서도 나는 이에 대해 에밀리와 이야기 하기를 고대했다. 에밀리가 이 일을 처리하는 것을 도와줄 수 있다고 생각했다.

"무슨 말인지 정확히 알겠어!" 에밀리가 외쳤다. "내가 이야기했던가? 사촌이 죽자마자 바로 암을 진단 받은 삼촌에 대해? 세상에, 정말 끔찍했어……"

그때부터 에밀리는 듣기를 멈추고 대화를 20분간의 독백으로 전환했다. 마침내 한 숨 돌리며 내가 코멘트할 틈을 주었을 때 나는 그러지 않았다.

에밀리가 나의 경험에 공감하고 공감을 표현한 행동은 전형적인 커뮤니케이션 블로커이다. 상대가 나의 이야기를 다 듣기도 전에 자신의 사연을 공유하느라 바쁘다면 우리의 커뮤니케이션은 거의 일방적이 된다. 상황에 동일시함으로써 커뮤니케이션을 차단하는 것은 악의가 없겠지만 상대가 자신에게 귀기울이지 않는다고 느끼게 하는 확실한 방법이다. 그것은 두 사람 사이의 감정적 자력이 서로 밀어내거나 잘못 연결되었다는 것을 뜻한다.

나는 여러분이 무엇에 가장 끌리는지를 알아내도록 할 것이다. 우리가 다양한 감정적 자석에 대해 자세히 알아보기 전에 감정적 자석을 차단하는 커뮤니케이션 블로커에 대해 이야기할 필요가 있다.

사람들이 다른 사람과 이야기할 때 흔히 하는 스타일의 내적 대화들을 살펴 보자. 나는 이들 세 가지 유형의 내적 대화를 '커뮤니케이션 블로커' 라고 부른다. 커뮤니케이션을 차단하는 게 바로 그들이 잘 하는 것이므로.

이를 바로잡으려면, 즉 스스로를 차단 해제하려면 다른 사람의 말을 듣고 있을 때에 자신에게 무슨 일이 일어나는지 파악하는 것이 좋다. '커뮤니케이션 블로커' — 원한다면 마인드 필터라고 불러도 좋다 — 란 모호한 정의임을 알아 두자. 모든 마음속의 프로세스들을 명확하게 정의하지는 못한다는 뜻이다. 그렇지만 아마도 당신은 하나 또는 그 이상의 블로커 타입에 속해 있는 자신을 인식하게 될 것이다. 아직 그렇지 않은 클라이언트가 없었다! 그리고 당신이 이들 블로커를 알게 되면, 대화 중에 스위치가 켜지는 때를 알아채기 시작할 것이다.

우리는 가끔 누군가 지적하기 전까지는 자신이 무슨 생각을 하는지 알아채지 못한다. 자신의 생각에 너무 매몰되어 있는 나머지 마치 오토파일럿과 같이 생각하고 있다는 사실조차 깨닫지 못하는 것이다. 생각의 구름으로 가득한 머릿속 어디를 날고 있는 지 항상 신경을 쓸 필요 없이 그저 몸에 밴 습관에 따라 길을 찾게 된다. 그래서 커뮤니케이션 블로커의 정체를 알아 두면 당신이 어떤 이와 커뮤니케이션 할 때에 머리속에서 일어나는 일을 인지할 수 있는 데에 도움이 된다.

솔로 블로커

커뮤니케이션 블로커들의 첫 그룹에 나는 '솔로'라는 이름을 붙였다. 왜냐하면 어떤 이가 대화에서 자신의 고유한 역할이나 상대방이 자신에 대해 어떻게 생각하는지 또는 무엇을 줄 수 있는지에 집중할 때에 튀어나오는 장벽의 일종이기 때문이다. 이는 꼭 당신이 이기적이라 생기는 일은 아니다. 단순히 그 사람을 좋아하기 때문에 옳은 말로 감명을 주기를 바라겠지만, 올바름에 대한 필요는 감명을 주기를 바라는 <u>당신의</u> 바람을 여전히 반영한다.

마케팅팀의 젊고 열정적인 신입 팀원이었던 커리어 초기에 나는 이사진을 대상으로 하는 연간 마케팅 계획 프레젠테이션에 참여하게 되었다. 나는 우리가 플랜을 준비하고 프리젠테이션 하기 위해 산더미 같은 일을 했음을 알면서도 매우 불안했다. 우리의 계획을 검토하고 승인할 이사진은 위협적이고, 세부 지향적이면서도 동시에 극히 성공적이라는 평판이 자자했다.

5주간 열심히 일한 우리에게 전략 개요, 통계, 그리고 성과 지표에 대한 승인을 위한 30분이 주어졌다. 이것은 나의 첫 이사회 참석이었다. 그래서 내가 얼마나 긴장하고 있는가와는 상관없이 나는 여전히 전략, 조사, 측정 가능한 통계에 기반한 우리의 플랜이 이사진에게 성공적으로 승인받을 것이라는 순진한 자신감을 가지고 있었다.

신참인 나에게는 회의에서 발표할 최소한의 콘텐츠가 주어졌다. 프리젠테이션이 시작되고 15분 후 내가 시장세

분화를 발표하는 중에 재무 담당 이사가 공격적으로 나의 프리젠테이션을 가로막았다. 그는 우리의 전술을 하나하나 나눠 가며 나에게 연달아 '만약에'라는 질문을 거칠게 던졌다. 이 갑작스러운 토론에 충격 받아 아무도 몇 분간 아무 말도 하지 않았다. 다른 이사들은 그의 공격을 저지하려 했으나 소용없었다. 그의 피드백을 (우리의 주장에 대해 토론을 계속 하는 게 아니라) 인정할 때까지 이 스파링은 끈질기게 계속되었다. 그렇게 이 회의는 끝을 맞이했다. 나는 눈물을 삼키며 재빨리 회의실을 빠져나왔다.

두 시간 후, 그 이사가 나를 자신의 사무실로 불렀다. 나는 두려웠다. 초등학생 때에 괴롭힘을 당한 경험에서 오는 익숙한 공포가 느껴졌다. 하지만, 그의 사무실에 도착했을 때에 나는 놀랐다. 이사는 회의실에서 나를 말로 공격했을 때와는 달라 보였다. 그는 상기된 얼굴로 계속 나와 눈을 마주치려 애썼다. 나에게 앉으라고 말하고 음료수를 권했다. 내가 거절하자 그는 회의에서 저지른 무례한 행동에 대해 사과하며 자신을 괴롭히는 사적인 일에 대해 설명했다.

우리는 사람들 대부분이 삶의 언제든 어떤 면에서든 어려움을 겪고 있다는 사실을 기억할 필요가 있다. 사람들과 커뮤니케이션할 때에 그 점을 인식해야 한다. 당신은 상대가 진정으로 당신의 메시지를 듣도록, 상대방을 사로잡은 생각을 깨뜨릴 수 있기를 원한다. 그들의 머리속에서 일어나는 일에 따라 행동하는 것이 아니라 당신의 메시지를 듣고 그에 따라 행동하기를 바란다.

   이 경험은 나에게 가치 있는 배움이 되었다. 나는 사람들 각각의 개인적인 일 때문에 커뮤니케이션이 차단될 수 있다는 것을 배웠다. 내가 다른 사람들의 분노, 좌절, 갈등의 잘못된 표적이 될 수 있다는 것도. 이사는 자신의 마음 속 대화로 바빴고 나는 우연히 그 대화의 말단에서 그것을 수신했다. 그렇지만 그에게 깊은 인상을 주고 싶어서 그의 말을 듣지 않고 차단하고 있었던 것이다.

   커뮤니케이션 장벽을 허물 수 있도록 내 안의 솔로 블로커에 대해 알아보자.

배려 부족

어떤 사람들은 사실에 집중한 나머지 상대의 감정을 놓칠 때가 많다. 감정적으로 매우 힘들게 하는 어려움을 누군가와 공유한 적이 있는가? 그리고 상대방이 아무런 감정도 없이 반응한 적이 있는가. 아마도 그들은 '너는 완전히 망했다'고 말할 것이고 어떻게 행동해야 할 지 또는 당신이 앞으로 가기 위해 무엇이 필요한 지를 말해줬을 것이다. 그들은 도움을 주려고 했겠지만 당신이 원하는 것은 포옹이다. 상사나 동료가 당신이 어떻게 느낄 지에 대해서는 아무런 헤아림 없이 업무적 문제로 당신을 심하게 나무란다면? 배려 없는 행동은 보통 해를 끼칠 의도를 가지고 하지 않지만 매우 유해할 수 있다.

올바름에 대한 필요

어떤 사람은 자신의 주장이 맞다는 것을 증명하기 위해 소리지르고, 비난하고, 논쟁을 벌이며 과거의 실수를 들춰내는 등 무슨 짓이든 하려 한다. 또는 당신이 방금 주장한 것을 믿지 않도록 설득하기도 한다. 당신은 그런 사람을 알고 있는가? 그게 당신인가? 옳다는 것으로 당신의 기량을 증명하려 하는 대신 자주 상대가 최종 결정을 내리게 하면 그들은 다음엔 당신의 말에 더 귀를 기울이려 할 것이다.

논쟁

당신은 아마도 좋은 토론을 즐길지도 모른다. 하지만 토론에도 때와 장소가 있다. 모든 이들이 대화를 할 때에 논쟁하기를 원하지는 않는다. 만약 당신이 상대방의 말에 즉각 반대한다면 그들은 당신이 '귀기울여 듣는다'라고 느끼지 않는 게 중요한 점이다. 만약 반대를 하고 싶다면 최소한 먼저 그들의 이야기를 듣고, 들었다는 사실을 명확히 해야 한다. 사람들이 의견을 공유할 때에 상대에게 원하는 것은 잘 듣기, 보기, 이해하기이다. 이해가 갈 것이다.

도덕적 심판

역지사지. 다른 사람들과 대화할 때에 기억해야 할 훌륭한 말이다. 만약 어떤 도덕적 규범을 어겼는지 생각하느라 너무 바쁘다면 당신은 상대가 말하는 요점을 놓칠 것이다. 예를 들어 누군가가 바게트빵을 훔쳤다고 하자. 곧바로 당신은 훔치는 것은 나쁘다고 훈계를 시작할 것이다. 맞는 말이다. 하지만 바게트를 훔친 사람은 실직으로 인해 음식을 살 돈이 없어서 그랬을 지도 모른다. 몇 년 간 신체적 학대를 당한 트라우마로 야기된 정신건강 문제 때문에 일을 계속할 수 없었을지도 모른다. 당신의 관점과 도덕은 다른 사람들의 이야기를 들을 만큼 충분히 뒤로 제쳐 두자.

도덕적 심판은 또한 당신이 종종 다른 사람들의 이야기와 공유된 감정을 진심으로 고려하기 전에 판단하는 것을 뜻한다. 이는 당신이 이미 그들에 대한 결론을 거의 내렸다는 것이고 관심을 기울이거나 듣기를 멈춘 것을 의미한다. 진짜로 관심을 가지지 않았기 때문에 상대가 진짜로 이야기하고 있는 것이 무엇인지 인지하지 못한다. 그들을 이해하려고 노력하지 않은 것이다. 다른 사람을 심판한다는 것은 앞에서 말한 선입견 때문에 일어나거나 단순히 상대방이 방금 한 말 때문에 생긴다. 어느 쪽이든 당신은 주의를 기울이지 않았고 무엇이 일어나는 지 진짜로 모른다는 것을 의미한다.

리허설

상대방에 대한 응답을 예행연습하는 자신을 발견했다면 당신은 그가 하는 말을 듣고 있지 않다는 뜻이다. 아마도 그 사람에게 좋은 인상을 주고 싶어서 긴장했을 것이다. 또는 앞에 서 있는 화난 사람에게 한마디 하기로 작정했을 지도 모른다. 하지만 당신이 하는 일은 큰 소리로 대답하기 전에 그것을 연습하는 것이다. 리허설은 중요한 스피치를 준비하거나 오디션을 준비할 때에는 중요하지만 대화 중에는 그렇지 않다. 상대방이 말하는 것을 놓칠 수 있기 때문이다.

동일시

다른 사람들이 이야기를 들으면서 자신의 삶에서 있었던 비슷한 일을 떠올리는가? 당신이 듣고 있는 것과 관련된, 공유하고 싶어서 어쩔 줄 모르겠는 이야기가 있을 것이다. 문제는 당신이 관계를 맺고 공유하고자 하는 의지가 아니라 자신의 이야기에 사로잡혀 있다는 것이다. 대화 상대가 말을 끝내기도 전에 말이다. 듣자. 이야기를 끝까지 들어야 한다. 집중하고 질문을 하자. 그래도 당신이 여전히 당신의 경험을 공유하고 싶다면 그렇게 하라. 어떤 사람은 다른 사람이 말하는 모든 것에서 자신이 느끼고, 생각하고, 행하고, 겪었던 일들을 떠올릴 지 모른다. 당신이 그렇다면 자신의 이야기로 되돌아가는 대신 상대의 생각과 감정에 집중하는 연습을 해야 한다.

라벨 붙이기

감정적 자석과 관련된 라벨 붙이기는 상대방의 행동이나 습성을 분류함으로써 그들을 이해했다고 짐작하는 것이다. 예를 들어 당신은 어떤 사람의 행실과 행동을 게으름 또는 야심가, 수다스러움 또는 조용함, 활발함 또는 침착함으로 분류할 수 있다. 하지만 이렇게 사람에게 라벨을 붙이는 것은 진정한 커뮤니케이션을 방해한다. 왜냐하면 당신이 그 사람의 감정적 니즈를 이해하는 것을 가로막기 때문이다. 그리고 이는 꽤 유해하다. 많은 사람들은 완전히, 자신이 타인에게 딱지를 붙인다는 것을 전혀 인지하지 못한다! 예를 들어, 당신이 파티에서 어떤 새로운 사람을 만났다고 하자. 그리고 그가 많은 질문을 하면 당신은 그에게 '수다스러움'이라고 딱지 붙일 것이다. 하지만 당신은 그들이 왜 그리 호기심이 많은지 알아보지 않았다. 아마도 그들은 새로운 사람을 만나는 것에 긴장했거나 많은 파티에 다니지 않을 것이다. 또한 동행이 늦는다면, 그들이 늦는 이유를 알기 전에 '이기적'이라는 라벨을 붙일 것이다. 우리는 조심스럽게 분류하는 법을 배워야 한다. 이에 대해서는 10장에서 이야기하겠다.

몽상

백일몽을 좋아하지 않는 사람이 누가 있을까? 누구나 한 번 쯤은 구름 위에 있는 듯한 꿈을 꾼다. 하지만 만약 당신 앞에 있는 사람의 이야기가 우주로의 여행을 시작하게 한다면 당신은 주의해야 할 것이다. 솔직히 당신은 완전히 집중하지 않음으로써 그들을 무시하고 있기 때문이다. 가끔 우리 모두는 어떤 생각을 떠올린다. 다른 사람들의 의견이 아이디어를 줄 수 있고 자신의 문제를 해결하는 데에 도움이 될 수 있다. 하지만 당신은 간단히 메모하고 나중에 그것으로 돌아갈 수 있다. 당신과 연결되기를 원하는 사람이 앞에 앉아 있는데 바깥 세상으로 향하지 말아야 한다. 아이디어를 떠올리는 것은 좋지만 더 멀리 탐험을 떠나는 것에도 때와 장소가 있다.

헬퍼 블로커

커뮤니케이션 블로커의 두번째 그룹은 헬퍼 블로커이다. 이 블로커들은 사람들이 대화할 때에 나타난다. 하지만 커뮤니케이션을 돕기는 커녕 방해한다.

솔로 블로커와 마찬가지로 사람들은 대부분 그들의 헬퍼 블로커를 의식적으로 사용하지 않는다. 만약 사용하더라도 좋은 의도를 가지고 있다. 그럼에도 다른 사람들을 듣지 않는 결과가 나온다. 그들은 가설을 세우고 그에 근거한 해결책을 도출하는 데에 너무 바쁘다.

몇 년 전, 나는 대형 중장비 기업 기술서비스직의 훈련을 진행했다. 빌은 학생 중 한 명이었다. 그 기업에 36년간 몸담고 있던 그에게 관리자는 커뮤니케이션 트레이닝을 받도록 종용했다.

  빌은 강의실의 맨 뒤에서 의자에 등을 기대어 팔짱을 끼고 턱을 쳐들고는 코 아래로 나를 내려다보며 앉아 있었다. 그는 자신이 이 세션에 있는 것이 행복하지 않다는 것을 나에게 매우 보여주고 싶어했다. 충분히 노련한 자신보다 젊은 사람이 이끄는 강의를 들을 필요가 없다고 생각했다. 어쨌든 그는 그 회사에서 36년을 근무했고, 나는 같은 업계에 있지도 않았다. 게다가 한 회사에서 그렇게 오랜 시간을 보낸 사람은 그들이 뭘 하고 하지 말아야 하는지에 대한 의견을 갖고 있다. 필요하다고 생각하지 않는 훈련에 참석하도록 강요받는 것은 어떤 사람에게는 잘 맞지 않는다.

  나는 빌의 저항에 영향을 받지 않았다. 사람들이 강요받는 것을 좋아하지 않는 것을 알고 있었다. 유능한 커뮤니케이터이기에 나는 사람들이 무엇을 하도록 강요하지 않는다. 내가 말하는 것의 가치를 그들이 볼 수 있는 방법으로 커뮤니케이션한다. 그들이 무엇을 얻을 지에 대해 솔직하게 전달하여 행동을 유도한다. 어쨌든 나는 강의를 계속했고 5분쯤 지났을 때였다. 빌의 자세와 보디랭귀지가 변화하기 시작했다. 그는 강의에 흥미를 가지고 참가하기 시작했다. 수업이 끝날 무렵 빌은 고개를 끄덕이고, 질문을 하고, 그의 작업일지에 메모를 했다. 그는 자리에서 나에게 감사를 표시하고 떠났다.

다음 날, 같은 회사의 다른 트레이닝 세션을 준비하고 있을 때, 빌이 강의실에 들렀다.

"샌디, 어제 트레이닝 세션을 듣고 집에 가서 무슨 일이 일어났는 지 말해야겠어요."

그는 들떠서 말했다.

"우리 가족은 저녁엔 보통 소파에서 넷플릭스를 보면서 시간을 보냅니다. 하지만 어젯밤은 달랐어요. 10대인 딸이 싱크대에서 트레이닝 워크북을 보고선 질문을 쏟아냈어요. 우리 네 명은 결국 거실 테이블에서 저녁을 먹고 트레이닝북을 샅샅이 훑었어요. 가족들이 내 노트 보는 것을 좋아하더군요! 아내와 아이들은 심지어 나의 커뮤니케이션 블로커가 '해결책 제시'가 아니냐고 추측하기도 했어요. 가족들이 내게 무엇을 말하면 내가 언제나 그들에게 조언을 한대요. 요청하지 않았을 때조차 말이죠. 정말 눈이 번쩍 뜨였어요. 지금부터는, 나는 나에게 솔루션을 요청하는 사람을 위해 이걸 아껴두기로 했어요. 최소한 그들에게 솔루션을 제공하기 전에 물어보기로 했어요."

빌의 일화를 공유하는 게 즐거운 이유는 다른 사람과의 커뮤니케이션을 차단하는 요인을 아는 것이 얼마나 강력한 영향력을 지닐 수 있는지를 말해주기 때문이다. 커뮤니케이션 블로커를 제거하면 당신은 관계에 보다 깊게 참여하게 된다.

갑자기, 당신의 이야기를 듣지 않거나 공유하지 않던 사람들이 열린 자세로 당신의 모든 단어를 놓치지 않기 시작한다. 당신은 자신의 마음속 대화를 따라잡는 대신 기꺼이 그 순간에 그와 함께할 것이다. 그러면 상대는 당신이 경청하고 있고, 자신이 이해받고 있다고 느끼게 된다. 헬프 블로커들이 커뮤니케이션을 감정적 자석으로 만드는 데에 도움이 되지 않는다는 사실을 이해하면, 당신은 내적 대화의 트랙을 멈출 것이다.

탈선

탈선이란 대화가 지나치게 감정적으로 흘러갈 때에 대화에서 탈선하도록 화자를 '돕는' 것이다. 당신은 아마도 상대방이 고통을 느끼는 것을 피하도록 그를 돕는다고 생각할 것이다. 그러나 이는 상대의 감정에 관여하는 것을 꺼려하는 것이다. 탈선은 당신이 어떤 주제에 대해 더 이상 흥미를 느끼지 않거나 불편함을 느끼고 그것을 바꾸려는 데에서 생긴다.

물론, 화제의 전환이 필요한 때도 있다. 로이 삼촌이 최근에 다녀온 낚시 여행과 도망가버린 14kg짜리 연어에 대한 이야기를 다섯 번째로 시작하려 할 때 당신은 대화를 새로운 주제로 이끌고 싶을 것이다. 그렇지만 로이 삼촌이 여행 이야기 첫 마디를 꺼낼 때 눈을 흘기지 말고 삼촌이 하는 말에 진심으로 귀를 기울이자. 이 이야기는 당신에게는 아닐지라도 삼촌에게는 중요하다. 아마도 당신에게 삼촌은 소중할 것이다. 그것이 그의 이야기를 들어 줘야 할 이유이다.

해결책 제시

상대방이 이야기하는 동안 당신은 그들이 어떤 말을 하든 해결책을 찾기에 바쁘다. 진짜 문제가 있을 수도 있지만 단지 당신이 해결되어야 할 문제가 있다고 생각할 뿐일 수도 있다. 어느 쪽이든 대화의 몇 문장이 지나면 당신의 뇌는 듣는 것에 집중하는 대신 해결책을 찾느라 달리는 중일 것이다.

해결책을 제공하고 싶다 해도 적절한 때와 장소가 있다. 먼저, 해결책을 내기 전에 대화의 끝까지 듣기 위한 마음속 노트를 만들어라. 전체 상황을 파악하지 못하면 해결책은 쓸모 없을 것이다. 둘째, 상대방이 해결책을 원하는 지 아니면 이야기를 하고 위로를 받고 싶어 하는지를 물어라.

달래기

말하고자 하는 내용을 완전히 담는 대신 "맞아요 …… 예 …… 전적으로 …… 알아요 …… 그래 …… 물론 그렇겠지 ……" 이렇게 말할 때가 있을 것이다. 사람들은 상대방이 자신을 좋아하기를 원하기 때문에 상대방을 기쁘게 하거나 달래고 싶어한다. 그러나 대화에 참여하여 진정으로 그들의 말을 듣는 대신에 거기에 앉아 모든 말에 동의할 준비를 하고 있다. 누군가가 계속 말하도록 격려하고 이야기가 진행되도록 찬성하는 소리를 내는 것은 잘못이 아니다. 진정으로 그들의 말을 듣고 솔직한 의견을 제시하는 대신 동의만 하려는 것이라면 잘못된 것이다.

누군가와 대화를 나누고 있다면 의심의 여지를 남겨두도록 하자. 아마도 그들은 당신의 관심과 솔직한 의견을 구할 것이다. 누군가가 매번 '예'라고 대답하기를 원한다면 차라리 앵무새에게 이야기를 해야 한다. 불행히도 앵무새를 키워야 하는 사람도 있긴 하다.

분석가 블로커

커뮤니케이션의 세 번째 블로커 그룹을 나는 분석가 블로커라고 부른다. 커뮤니케이션에서 멀찍이 떨어져 대부분을 분석하고 평가한다면 당신은 아마도 이 블로커를 쓰고 있을 것이다. 커뮤니케이션에서 감정적으로 거리를 두고 있다고 할 수 있다.

   분석은 맞는 때와 장소가 있고 엑셀 시트를 정리할 때에는 유용하지만 사람을 다룰 때에는 숫자, 전략 및 데이터 비교 이상의 것을 볼 필요가 있다. 과학적인 근거나 데이타를 기반으로 의견을 말하는 분석적인 가정 환경에서 자란 사람이라면 이해하기 힘들 것이다. 감정을 숨기거나 감정으로부터 거리를 두고 학문이나 다른 지적 추구에 몰두하는 사람들에게서 많이 보이는 모습이다. 하지만, 당신이 단어와 사실 저 너머로 움직여 감정에 열린다면 완전히 새로운 세계로 들어서게 된다.

물론 분석하는 능력은 회의실에서 중요하다. 그렇지 않은가? 어떤 프로젝트의 성공 요인을 평가하거나 체스를 둘 때에도 유용하다. 하지만 커뮤니케이션에 분석이 항상 유용한 것은 아니다.

분석가 블로커의 예로 쟈크의 이야기를 공유한다. 쟈크의 아내는 매우 수다스럽다. 아내는 매사를 크게 소리치며 처리하고, 쟈크는 가끔 아내의 커뮤니케이션 양에 압도되기도 한다. 그는 대응기제로써 아내의 말을 무시했다. 아내의 말 중 한 단어나 구절에 초점을 맞추고 반복하며 주의 깊게 듣는 척 하면서 아내의 이야기와 불평을 걸러내곤 했다. 아내는 자신의 '구두口頭 배설'에 쟈크가 질렸음을 깨닫고, 쟈크는 아내가 기분을 터뜨릴 구멍이 필요하다는 것을 알게 되면서 그들은 비로소 제대로 된 방법으로 커뮤니케이션하기 시작했다.

나는 모든 것을 요란하게 처리하기를 좋아한다는 점에서 자크의 아내와 같다. 그 결과 크리스와 나는 우리의 대화가 날카로워졌음을 가리키는 '고슴도치'라는 암호를 만들었다. 크리스는 압도되면 암호를 말하고 나는 말하기를 멈추거나 속도를 낮춘다. 이는 언제나 나를 미소 짓게 하고 대화가 가벼워진다. 이렇게 하면서 나는 내가 말할 때 그가 듣고 있음을 확신하고 크리스는 내 말이 부담스럽지 않음을 확신하게 되었다.

분석 블로커에 대한 인지는 당신의 감정적 니즈와 마찬가지로 당신의 파트너에게 솔직해지고 효율적인 커뮤니케이션을 가능하게 한다. 분석적인 성향이 있는 경우 주의해야 할 점은 다음과 같다.

비교

지속적으로 비교하는 사람은 누가 더 똑똑한지, 정서적으로 건강한지, 더 유능한지, 더 성공적인지, 옷을 잘 입는지 등등 끝도 없이 평가를 하려 한다. 이는 누군가를 고용하거나 경쟁자를 파악할 때에는 좋겠지만 친구나 연인과의 일상적 대화에는 전혀 도움이 되지 않는다.

누군가와 첫 데이트를 한다고 상상해 보자. 함께 술을 마시고 있는 사람이 똑똑한지, 더 성적 경험이 많은지, 더 몸매가 좋은지, 더 야심찬지, 여러가지를 마음속으로 따지고 있을 것이다. 그러는 대신에 눈 앞의 사람을 있는 그대로 받아들이고 그들의 말에 귀를 기울이고 그들의 감정적 니즈를 이해하자고 생각하자, 이것은 '나 대 너' 상황이 아니라 '우리의' 순간이다. 인생에서 드문 순간이다. 누군가를 파악해야 하는 상황에 처하더라도 비교를 시작하기 전에 그들이 이야기를 하게 하라.

마음 읽기/짐작하기

데런 브라운Derren Brown은 TV와 극장에서 사람들을 경외감과 경이로움(때로는 분노)에 휩싸이게 만드는 훌륭한 멘탈리스트이다. 그에게는 사람들이 온갖 일을 하도록 최면을 거는 재능이 있다. 데런 브라운과 당신의 차이점은 그는 자신이 무엇을 하는 지 알고, 당신은 모른다는 것이다.

다른 이의 생각(그는 믿을만한가? 그는 영업 목표를 달성할 것인가? 나는 이 여성과 데이트하고 싶은가?)을 읽어냈다고 생각하면 사람들은 사실에 근거하지 않은 가설에서 길을 잃는다.

예를 들어 일하고 있는 가게에 어떤 남성이 들어왔다고 하자. 그가 부적절한 말이나 행동을 하지 않았더라도 당신은 그에게서 '나쁜 분위기'를 느낄 수 있다. 당신은 대화에 집중하는 대신에 그의 생각과 감정이 무엇인지를 알아내는 데에 모든 에너지를 소비할 것이다. 결과적으로 그 손님은 당신이 '딴 데 정신 팔려' 있다는 것을 알게 되어 동요할 것이다.

왜 나쁜 분위기를 느꼈는가. 아마도 그에게는 기분 나

쁜 날의 아버지를 떠올리게 하는 점이 있었을 지 모른다. 그 나쁜 낌새 때문에 그가 하는 모든 행동을 부정적인 것을 찾는 필터를 통해 분석했다. 따라서 당신은 그의 부정적인 말과 행동에 주목했고 긍정적인 말과 행동을 하면 그것을 불신했다. 이것이 바로 우리가 마음 읽기를 할 때 무의식적으로 우리 뇌가 하는 일이며 이로써 온갖 잘못된 결론에 도달한다.

이러한 추정을 멈추고, 실제로 말한 단어와 표현된 감정을 인식하면 상대가 진정으로 무엇을 생각하고 있는지 알 수 있다.

진단

앞에 있는 사람이 이혼 후 잘 지내고 있다고 말한다. 데이트 상대는 순수한 의도를 가지고 있으며 절대 속이지 않을 것이라고 말한다. 당신은 그들의 말을 그대로 받아들이는 대신 감정 탐정이 되어 숨겨진 의미와 동기를 찾는다.

친구가 말한대로 잘 지내고 있는지 알아내려 노력하는 것은 매우 좋은 일이지만 그렇게 하는 패턴이 있다면 문제가 있다. 상대방이 전달하려는 내용을 파악하는 대신 자신의 생각에 빠져들고 있기 때문이다.

필터링

필터링은 어떤 것은 듣고 어떤 것은 듣지 않는 것을 말한다. 필터링은 무의식적인 스위치가 될 수 있다. 예를 들어 시어머니가 항상 긴 독백을 한다면 자동으로 시어머니를 필터링한다. (아니, 당신 얘기가 아니에요, 페이. 어머니와의 대화는 즐거워요!) 적당한 때에 고개를 끄덕일 만큼은 듣고 있지만 무슨 말을 하는지 알 정도는 아니다.

시어머니가 장황하게 말하는 경향이 있다는 것을 알게 되면 무의식적인 스위치처럼 자동으로 시어머니를 차단하게 된다. 그러면 안타깝게도 그렇게 하지 말아야 할 때에도 그의 말을 듣지 않게 된다. 더욱 슬프게도 당신은 그와 대화하고 싶지만 긴 토론을 처리하는 데에 문제가 있다는 사실을 알리지도 않고, 적절한 방법으로 대화하지도 않게 된다.

한편, 필터링은 정서적 학대하는 사람에게서 자신을 지키기 위해 어린시절에 생긴 대응기제일 수 있다. 이 대응기제는 알지 못하는 사이에 습관으로 변한다.

지나치거나 부적절한 질문

아마도 당신은 사람들과 커뮤니케이션할 때에 적당한

시점에 질문을 하는 것이 좋다고 배웠을 것이다. 하지만 오로지 관련이 있을 때만 그렇다. 만약 누군가에게 너무 많은 질문을 받으면, 그들은 이해 받는다고 느끼는 게 아니라 취조당하고 있다고 결론을 내린다.

질문하기 또한 당신의 부담을 덜려는 대응기제일 수 있다. 계속해서 질문만 하면 당신은 관계 있는 무엇인가를 말하거나 의견을 제시할 필요가 없다. 잘못된 질문은 때로는 질문을 회피하는 기제로 변질되기도 한다. 당신이 질문을 찾는 데에 너무 헤매고 있으면 대화가 끊길 뿐 아니라 당신에게서 적절한 대답을 듣지 못한 상대를 짜증나게 한다.

자신의 커뮤니케이션 블로커 찾기

빌의 온 가족이 워크 트레이닝에 참가했다는 이야기를 듣고, 나는 커뮤니케이션 블로커에 대해 인쇄하여 거실 테이블에 올려 두어야겠다는 아이디어를 얻었다. 우리 가족은 서로의 커뮤니케이션 블로커를 선택하는 강력한 활동에 참가했고, 매우 영감을 주는 토론으로 옮겨갔다. 다른 사람들이 당신의 커뮤니케이션 블로커가 무엇인지 말해준다면 놀라울 만큼 유익하다. 특히 그들이 이 이야기를 하는 동안 차단을 하려 노력하지 않는다면 말이다. 또한, 가까운 사람들이 자신의 커뮤니케이션 차단 기능을 발견하면 그들과 훨씬 더 쉽게 커뮤니케이션할 수 있다.

커뮤니케이션 블로커는 어떻게 인지하게 되는가? 주의를 기울이는 것부터 시작한다. 이를 돕기 위한 두가지 활동이 있다.

1. 일주일 동안, 대화를 할 때마다 당신의 마음 속에서 어떤 일이 일어나는 지를 스스로에게 물어 보자. 주의를 기울이기 전까지는 대부분 무의식적으로 일어나기 때문에 계속 확인하는 것이 중요하다.

2. 대화에 참가하지 않는 날에는 하루 종일 내적 대화를 확인하라. 필요하다면 30분마다 혹은 한 시간마다 알람이 울리게 하여 당신이 스스로에게 무슨 말을 하느라 바쁜지 체크하자. 잠깐 멈춰서 체크하는 시간을 상기시키기 위해 특별한 팔찌나 시계를 찰 수도 있다. 팔찌나 시계에 시선이 닿을 때마다 잠시 멈춰서 무슨 생각을 하고 있는지 살펴 보자.

(커뮤니케이션 블로커 평가 문항은 나의 웹사이트 SandyGerber.com의 Tools 카테고리에서 찾을 수 있다.)

물론, 당신은 자신의 커뮤니케이션 블로커를 모른 채 대화에 완전히 참여하지 않는 많은 사람과 커뮤니케이션 할 것이다. 이를 바꿀 수는 없다. 하지만 단순히 다른 사람들에게 어떤 일이 일어나는 지 아는 것만으로도 그들에게 좀 더 너그러워질 수 있다.

당신에게 해결책을 제시하길 원하거나 스스로 옳다고 생각하는 사람들에게 화내고 당황하는 대신 당신은 그들의 그런 패턴을 인정할 수 있다. 상대방은 자신이 어떻게 커뮤니케이션을 차단하고 있는지 전혀 인식하고 있지 않는 것 같지만, 이는 나와 함께 있고 싶지 않다는 뜻이 전혀 아니다.

연민 가지기

여러 감정적 자석을 알게 되면서 여러분은 각 자석의 긍정적인 면과 부정적인 면을 보게 될 것이다.

태양을 좇는 꽃처럼 성취에 목마른, 그리고 인정받는 영광을 만끽하는 누군가는 주위 사람들에게 까다롭게 굴 수 있다. 그들은 항상 다음 '핫한 것'을 찾고 최소한 그들에게 중요한 범위에서 언제나 목표달성을 위해 뛰어다닌다. 그들은 자존심 세우기를 좋아하고 자신의 성취를 기념하기 위해 사진 포즈를 잡으면서 다른 사람들에게 사진작가 노릇을 시키는 걸 좋아한다.

반면 자신이 선택한 분야에서 탁월함을 발휘하기 위해 모든 기회를 놓치지 않는 이들은 당신의 마음을 사로잡기 위해 열심히 노력하고 기꺼이 자신의 지식을 공유하며 주변의 아름다운 것들과 경험을 즐기고 재미있는 이야기를 들려줄 것이다. 이 사람들은 가끔 주위의 사람에게 영감을 줌으로써 세상을 변화시키기도 한다. 또한 그들은 자신이 주최한 파티에서 당신이 좋은 시간을 보내리라 확신한다.

모든 감정적 자석에는 장점과 단점이 발견된다. 안전에 의해 움직이는 사람은 가장 실질적인 조직가이고 기획자이지만 즉흥적인 모험에서는 악몽이 될 수 있다. 경험 중심적인 사람들은 완벽한 모험 파트너가 될 수 있지만, 가치 중심적이고 여행 예산을 세우는 사람들을 짜증나게 할 수 있다. 경험을 추구하는 사람들에게는 경험 자체가 가치와 같다. 그리고 성취를 추구하는 사람들은 덜 화려한 모험을 원하는 안전에 대한 욕구 때문에 방해를 받을 수 있다.

자신과 타인의 감정적 니즈를 더 많이 인식할수록 우리는 자신과 타인에 대한 연민을 느끼는 법을 더 많이 배운다. 우리는 자신의 행동에 동기를 부여하는 감정적 자석(안전, 성취, 가치, 경험)이 무엇인지 알기에 서로의 행동과 행동에 조심스럽게 라벨을 붙인다. 크리스와 나는 우리의 관계에서 서로에게 붙이는 세 가지의 라벨을 만들었다. 우리 각자의 감정적 자석과, '훌륭하다'는 라벨이다. 그것은 우리에게 어떤 상황에서도 상대방을 믿을 수 있게 하는 아마도 가장 중요한 라벨이다.

이제 커뮤니케이션을 방해하는 요소들을 제거했으니 네 가지 감정적 자석에 대해 말할 차례이다. 감정적 자석의 정의, 작동 방식, 그리고 이를 인식하고 이해함으로써 더 효과적으로 커뮤니케이션할 수 있는 방법을 풀어 가겠다.

준비되었는가? 이제부터 매우 흥미진진해질 것이다!

PART II

네 가지 감정적 자석

CHAPTER 3

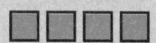

유능하고 믿음직하며 규칙적인
'안전' 감정적 자석

나의 아버지는 확실히 안전 감정적 자석에 의해 움직이는 사람이었다. 모험을 즐기는 분이었지만 모든 모험의 마지막 디테일까지 계획하였고 수많은 안전 수칙도 함께 적어 놓았다. 그의 안전에 대한 필요는 불에 대한 두려움에서 확연히 드러났다. 그의 두려움에 불이 붙은 것은 대학 시절 사교 클럽의 동료가 사교 클럽 보트에서 일어난 폭발로 끔찍하게 탄 사고를 목격했을 때였다. 아버지는 우리 남매를 불이나 바베큐 근처에 가지 못하게 했다. 나는 서른이 되어서야 불을 붙이고 바베큐를 이용하는 법을 처음부터 스스로 익혀야 했고, 처음에는 매우 겁에 질렸다.

    아버지는 계획 없이 떠나는 모험을 매우 불편해하였다. 계획, 목록 또는 둘 다 없이 집을 나서는 일은 거의 없었다. 어머니와 함께 온타리오에서 플로리다로 자동차 여행을 갈 때 아버지는 안전하고 쉬운 여행을 위해 영수증, 지도, 리뷰, 목록으로 가득 찬 아코디언 파일 폴더 시스템을 만들곤 하였다.

다행히도 아버지는 생활에서 안전에 대한 필요를 충족시키면서도 놀라운 경험을 만들어내는 데 큰 재미를 느꼈다. 엄마와 함께 하는 고도로 조직적인 자동차 여행 말고도 운반용 끈이나 통풍구가 달린 마스크 등 안전 장치가 내장된 멋진 핼러윈 코스튬을 만들었다. 우리가 그 의상을 입는 것만큼이나 아버지도 우리를 위해 의상을 만드는 것이 즐거웠던 것 같다! 또한 컬링 대회를 위해 어머니와 함께 몇 달 동안 터무니없는 코스튬을 준비하고 만들며 행복해하곤 했다. 아직도 아버지가 웃으며 말하던 소리가 들리는 것 같다.

"이 옷 너무 클래식하지 않아, 샌디?"

내 의견을 말하자면, 아버지는 창의적인 클래식이었다.

아버지는 재미를 좋아하는 성격에도 불구하고 30년 동안 IBM에서 중간 관리자로 일했다. 기술을 배우고 새로운 시스템을 도입하기 위해 안전함과 익숙함을 희생해야 하는 일은 아버지의 안전지대를 벗어난 일이었다. 그렇지만 아마도 변화를 좋아하지 않는 성격 탓에 새로운 일을 찾지 않았을 것이다. 비록 즐겁지는 않았더라도 수십 년 동안 직장에 몸담았던 이유는 가족을 부양할 수 있었기 때문이다. 결국, 안전에 대한 강한 니즈를 가진 그에게는 가족이 중요한 동기였다.

'안전' 페르소나

이런 사람을 알고 있는가?

- 현상 유지를 편안해 하는 사람, 꼭 필요하지도 않은데 왜 굳이 긁어 부스럼을 만드는 지 의아해 하는 사람.
- 업무 일정을 분 단위로 계획하는 사람. 항상 체계적으로 보인다. 대비할 수 있도록 다음에 무슨 일이 일어날지 알아야 하는 사람.
- 비상 계획, 더 크고 더 좋은 보험, 만일을 대비한 비상금이 필요한 사람, 새로운 비즈니스 혁신의 성공 여부에 대한 결정을 내리기 전에 최소 6번은 시험해 봐야 한다.
- 사무실을 떠나 가족과 함께 저녁 시간을 보낼 수 있는

오후 5시라는 것을 알고도 그날의 업무를 완료하기 위해 기꺼이 혼자 남는다.
- 다른 사람들이 인생을 준비하거나 기술을 배우거나 건강을 유지하도록 사심 없이 돕는 사람. (모든 부모님과 간병인 여러분. 여러분 이야기입니다.)
- 인생이나 경력의 침체기에도 새로운 기술을 공부, 연구하고 익히기로 선택하여 독립심을 기르고, 살아남고, 심지어 발전할 수 있는 사람.
- 여행을 계획할 때 숙소가 안전한 지역에 있는지 확인하고 모든 일정을 미리 계획하는 사람? 자동차 여행을 한다면 이 사람은 화장실과 주유소를 포함한 이동 경로와 정류장을 꼼꼼하게 지도에 표시하고 트렁크에 구급상자와 물과 간식을 준비해 두기도 한다. 좀비가 공격할 수도 있으니까 이를 대비해서 좀비의 관심을 돌릴 수 있는 물건도?

안전 지향의 사람들은 어떻게 대단한 계획을 세우고 이를 지속적으로 실천해 낼까. 이들은 안정적이고 안전하다고 느껴지는 사람, 사물, 경험에 끌린다. 사실을 미리 알고 싶어하고 규칙적인 일상을 좋아하며 계획을 세울 때에는 실용적이고 일이 순조롭게 진행되는 것을 좋아한다. 폭풍우가 몰아칠 것으로 예상되거나 여행에 어려움이 닥치리라고 상상되면 항구를 떠나지 않으려 한다. 다만 이러한 안전에 대한 욕구는 다른 감정적 자석에 움직이는 사람들과 마찰을 일으킬 수 있다.

    자신이 경험 감정적 자석에 움직인다고 가정하고 상상해 보자. 감각적 경험에 집중할 수 있도록 식사하는 동안 눈을 가린 채로 식사를 할 수 있는 근사한 새 레스토랑에 대해 안전 감정적 자석을 가진 연인에게 이야기한다. 그는 미리 테이블을 예약할 수 없고 매일 밤 대기 줄이 길며 음식을 볼 수 없어 겁을 먹었다는 몇몇 리뷰 등 여러 가지 이유를 들면서 그곳에 가기를 거부한다.

    또 다른 날, 계획에 없던 주말 여행으로 연인을 깜짝 놀라게 하려고 했지만 그는 행복해하기는 커녕 스트레스를 받고 심술이 난 것 같다. 그들은 긴 한 주를 보낸 후 주말에는 재충전을 위해 집에서 보내고 싶어한다. 언제나 귀여운 이 심술쟁이가 안전을 메인 감정적 자석으로 가지고 있음은 놀라운 일이 아니다.

    경험을 지향하는 당신은 자신이 좋아하는 활동을 제안하고 깜짝 이벤트를 계획하고 안정 지향 연인과의 관계에

활기를 더할 수 있다고 생각하는 온갖 일을 반복한다. 하지만 그는 고마워하거나 적어도 함께 시간을 보내는 것에 흥분하기는커녕 불편해 한다. 당신은 거절당했다고 느낄 뿐 아니라 자신의 노력에 대해 인정받지 못한다고 느낀다.

이제 안전 감정적 자석을 가진 사람에게 무엇이 중요한지 알았다면 눈을 가리는 식당에 가기를 거절하는 이유를 쉽게 이해할 수 있다. 또 주말 여행에 깜짝 놀라 동요하는 이유도 알 수 있다. 그들은 호텔, 지역 또는 여행 계획의 세부 사항에 대해 전혀 알지 못하며 정보 부족은 그들을 불안하게 만든다. 안전에 대한 감정적 니즈가 매우 강력하기에 안전하지 않다고 느끼는 상황에 대해 비이성적인 자동 반사 반응을 일으킬 수 있다. 즉각적인 자동 반사 반응을 비이성적이라고 말한 이유는 이 반응이 논리보다는 감정에 의한 것일 가능성이 높다는 뜻이다.

안전 감정적 자석을 가진 사람의 자동 반사 반응은 계획에 없던 저녁 식사를 거절하는 등 즉흥적인 행동을 피하거나 안전에 대한 욕구에 부합하기 때문에 극도로 지루한 일을 맡는 등 최선이 아닌 선택을 하도록 이끌 가능성이 높다. 안전하면서도 재미있는 직업을 찾을 수 있다는 생각은 하지 못할 수도 있다! 하지만 당신이 '안전'에 기본값을 둔다는 사실을 알게 되면 약간의 위험을 감수하고 안전한 분위기에서도 성취감과 경험을 쌓을 수 있는 직업을 선택할 수 있다.

안전이라는 메인 감정적 자석을 가진 사람이 무엇에 끌리고 밀려나는 지 살펴보자. 나는 이것을 <u>동기 요인</u>motivators과 <u>걸림돌</u>speed bumps이라고 부른다.

'안전'의 동기 요인

안전에 끌리는 사람들의 네 가지 주요 동기 요인은 **보안**(!)과 **통제**, **건강**, **가족**, **용이함**이다. 실용적이고 너무 어렵지 않게 획득할 수 있어야 하며 큰 장애물이 없고 명확한 길이 있어야 한다는 의미이다.

안전에 대한 감정적 니즈에 움직이는 사람에게는 멋진 차를 운전하고 으리으리한 집을 사고 트렌디한 레스토랑에서 식사를 하는 등 성취를 과시하는 것은 중요하지 않을 수 있다. 하지만 직장에서는 극히 목표 지향적이고 스포츠에서는 경쟁심이 강할 수 있다. 직장에서 성취 지향적일지라도 주된 감정적 동기 요인이 안전인 사람은 안정적 수입,

체계적인 일과, 성취를 향한 여정에 장애물이 거의 없는 등 안전 속성이 가장 많은 직업을 선택하는 경향이 있다.

> **자신이 안전 감정적 자석을 지녔는지 확인해 보는 질문**
> - 쉬운 일인가?
> - 이것이 현명한 선택인가?
> - 안전이나 건강 유지에 어떻게 도움이 되는가?
> - 내 가족 / 친구에게 도움이 되는가?

안정과 통제

- 유능하고 신뢰할 수 있으며 안정감을 갈망한다.
- 선택한 분야의 업무에 능숙하며 자립심을 키우기 위해 일한다.
- 안전과 개인의 자유를 열망한다.
- 두려움, 희망, 자기 만족에 대한 소망, 안정, 편안함, 위험을 말하는 단어에 반응한다.
- 자신, 소유물, 가족, 친한 친구, 반려동물, 지적 재산을 보호하는 데 집중한다.
- 상식이 풍부하다.

건강

- 더 오래 살고 싶고, 젊음을 유지하고 싶다는 감정적 니즈가 있으며, 질병과 부상을 두려워한다.
- 가능한 한 부상을 피하거나 예방하려 하고, 합리적인 결정을 내리는 것을 좋아한다.
- 건강의 중요성을 알고 있으며 평소에 건강을 유지하기 위해 예방에 힘쓴다.

가족

- 가족으로 여기는 사람들(형제자매, 자녀, 친한 친구, 부모, 반려동물) 보호에 강한 동기를 가진다.
- 자신과 가족의 보호와 생존을 위한 능력과 예비물품, 비상계획 준비 등을 확보하려 신경쓴다.

용이함

- 가능한 한 쉽고 즐겁게 일을 하고 싶어 한다.
- 즐거운 시간에 방해를 받으면 짜증이 난다.
- 노력, 번거로움, 시간이 덜 들어가도록 만들어 주고 삶을 더 쉽게 해주는 유인책에 끌린다.

'안전'의 걸림돌

감정적 니즈는 우리를 어떤 대상에 끌리게 하고 마찬가지로 또 다른 대상에는 거부감을 느끼게 하기도 한다. 누구나 삶을 앞으로 나아가는 것을 방해하거나 마음껏 즐기지 못하게 하는 습관을 하나쯤은 가지고 있을 것이다. 하지만 왠지 우리는 그 습관을 깨뜨리지 못한다. 그 습관이 우리의 감정적 니즈 중 하나와 연결되어 있기 때문일 것이다. 나는 이러한 습관을 '걸림돌'이라고 부른다. 예를 들어, 안전을 갈망하는 사람은 일반적으로 위험을 피한다. 그렇지만 인생을 살아가기 위해 위험을 감수하는 건 필요하다. 심지어 길을 건너는 것조차 위험으로 여겨질 수 있지만 어딘가로 가기 위해서는 반드시 길을 건너야 한다.

안전을 메인 감정적 자석으로 가진 사람은 다음과 같은 주요 걸림돌에 부딪히는 경향이 있다.

불확실성
- 모든 형태의 불확실성을 두려워하고 가능한 한 피한다.
- 새로운 상황에 처했을 때에 일이 잘못되거나 통제력을 잃을 가능성을 가늠해본다.

- 규칙을 어기거나 실수했을 때 일어날 결과에 대한 두려움이 강하다. 자신이 잘못을 저지를 가능성이 있으면 불확실성을 느끼고 그 상황을 피한다.

위험한 역경
- 전염병처럼 위험을 꺼린다.
- 상황이 어려워지면 포기하는 경향이 있다.
- 위험을 느끼면 한 발짝 물러나거나 저항한다.

조바심
- 엉성한 체계, 계획 부족, 무질서함에 참을성이 없다.
- 어떤 일이 제대로 계획되지 않으면 불안해하다.
- 능숙하지 않은 일에는 관여하지 않으려 한다.

'안전'은 특정 상황에서 어떻게 행동하는가

앞의 설명을 읽고 떠오르는 사람이 있는가? 자신의 이야기인가? 아직 확실하지 않다면 몇 가지 시나리오를 통해 안전에 끌리는 사람이 어떻게 행동할지 살펴보자.

새로운 사람 만나기

일반적으로 내성적이며 적어도 사람들 대부분을 알지 못하는 한 큰 규모의 모임에서 새로운 사람을 만나는 것을 즐기지 않는다. 모임에선 아는 사람들과 함께 있는 것을 선호하며 처음 보는 사람들과 말문을 트는 것을 좋아하지 않는다.

부탁 들어주기

부탁을 받으면 그 부탁을 쉽게 수행할 수 있는지 범위가 명확한지(예를 들어 갑자기 처리해야 하는 추가 업무가 없는지) 확인해야 한다. 부탁 내용이 안전하고 합리적인지, 나와 다른 사람에게 직접적인 혜택이 있는지 고려할 것이다.

자동차 여행 계획

아주 사소한 세부 사항까지 계획하고 싶을 것이다. 진행만 잘 되면 다른 사람에게 계획을 맡기는 것이 여행을 즐기는 데 더 좋다. 하지만 세부 정보(경로, 교통 상황, 주유소 위치), 숙소 예약(좋은 후기가 있는 곳), 행선지에 대한 자세한 정보 등 모든 세부 사항을 알고 싶어할 것이다. 짐을 꾸리기 전에 차량이 잘 정비되어 있고 믿을 수 있는지 확인해야 한다. 여행 중에 도움이 될만한 앱을 몇 개 다운로드해 놓는다.

새로운 집 구입

　새 집을 매매할 때는 즐겁고 쉬운 거래를 만들어 줄 경험이 풍부한 중개업자와 함께 하고 싶어한다. 좋은 학교, 친절한 이웃, 낮은 범죄율 등을 고려할 것이다. 필수 점검이 완료되었는지, 집의 상태가 양호한지, 안전 규정이 준수되었는지, 거래 일정이 정해졌는지, 가격은 공정한지(가급적 입찰 경쟁이 일어나지 않는 곳) 알고 싶을 것이다. 페인트가 새로 칠해졌고 모든 바닥재가 우수한 품질의 새 것으로 교체되었으며 굴뚝에 새가 둥지를 틀지 않았고 새로운 보안 시스템이 설치되었다는 사실을 알게 되면 관심을 보일 것이다. 기본적으로 집이 잘 정돈되고 잘 관리되고 있다는 것을 명확히 보여주는 모든 세부 사항이 중요할 것이다. 최신 상태가 아닌 것이 있다면 적절한 해결 방법을 알고 싶어하고 해결책이 너무 복잡하면 미루게 된다. 가급적이면 직접 고치는 것보다 누구에게 연락하여 고칠 수 있는지 알고 싶을 것이다. 물론 (DIY를 좋아하지 않는다면) 전문가에게 맡기는 것이 더 쉽다. 수리가 필요하지 않더라도 예기치 않은 상황이 발생했을 때 처리해줄 믿을 수 있는 기술자나 배관공이 근처에 있다는 사실을 알면 안심할 수 있다. 전담 전문가가 있으면 번거로움을 걱정할 필요가 없다.

소셜 미디어 이용

소셜 미디어에서는 그늘 속에 숨어 다른 사람의 게시물을 확인하는 것을 선호할 가능성이 높다. 다만 게시물을 올린다면 평판을 손상시키지 않는 게시물, 휴가중임을 광고하여 도둑을 집으로 초대하지 않는 게시물 등 안전하다고 생각되는 게시물을 게시하는 것을 좋아한다.

또한 가족 및 친구와 관련된 게시물과 계획, 정리 및 구조물 만들기에 대한 비용 및 팁이 포함된 게시물을 선호한다. 누군가 선을 넘거나 품위를 해치거나 누군가의 안전이 위협받는 경우 게시물을 올려야만 할 것 같은 압박감을 느낄 수 있다. 바꿔 말하면, 때때로 망설이지 말고 약간의 고함을 쳐도 된다는 뜻이다.

갑작스러운 손님 방문

안전 지향인이 꿈꾸는 시나리오는 아니다. 이들은 즉흥적인 것을 좋아하지 않고 구조와 계획을 선호한다. 따라서 누군가가 자신을 놀라게 하면 불안함과 동시에 불쾌함을 느낄 수 있다. 문 앞에 나타난 사람에게는 정중한 설명이 필요할 것이다. 만약에 경험 지향인 친구가 자신을 놀라게 하려고 찾아왔을 때 이것이 어떻게 갈등의 원인이 되는지 아는가? 기쁨의 표현을 기대한 그들은 오히려 스트레스를 받게 될 수도 있다! 물론 급한 상황으로 하룻밤 집에 데려간다고 하면 다른 이야기가 된다. 하지만 계획이 부족하면 여전히 불안해 할 것이다.

안전 감정적 자석의 작동 방식

이제 당신은 다른 사람의 감정적 니즈를 존중하는 것이 얼마나 중요한지 잘 알고 있을 것이다. 안전하다고 느껴야 하는 사람들을 위해 나서서 미개척의 경험을 만들어내는 게 항상 좋은 결과를 가져오는 것은 아니다. 하지만 공감과 이해가 있다면 여전히 사람들에게 안전하면서도 훌륭한 경험을 선사할 수 있다.

이제부터 할 이야기는 안전에 대한 욕구를 가진 사람을 존중하는 방법을 선명하게 보여준다. 나는 세인트루시아에서 우리 가족, 크리스와 함께 휴가를 즐기던 중이었다. 우리는 크리스마스 연휴 동안 리조트에 머물고 있었는데, 휴가가 끝날 무렵 어느 날 밤 리조트에서 특별한 해변 만찬 파티가 열렸다.

저녁 식사가 끝나자 80년대 음악이 흘러나오기 시작했다. 내 형제와 자매를 포함한 사람들은 재빨리 신발을 벗어 던지고 모래 위에서 춤을 추기 시작했다. 나도 그렇게 하고 싶었다. 사실 우리 가족에겐 가족의 일원이 되고 싶은 사람이라면 누구나 저녁 식사에 초대받고 식사 후엔 일어나서 함께 춤을 춰야 하는 통과의례가 있다. 춤을 추지 않으면 다시 초대받지 못할 가능성이 높다. 부담을 주지는 않는다. 하지만 나는 이번에는 신발을 벗고 다른 사람들과 함께 해변에서 춤을 추지 않았다. 크리스 때문이었다. 내 연인 크리스(Kris)와 나의 쌍둥이 자매 캐시의 연인인 크리스(Chris)는 모두 '안전'을 메인 감정적 자석으로 삼고 있어 다른 사람들 앞에서 춤을 추는 것을 불편해 한다.

감정적 자석이 어떻게 작동하는 지 이해하기 전이었다면 크리스를 억지로 끌어들이려고 했을 것이다. 참석하지 않으면 분위기를 깬다고 화를 냈을 것이다. 그냥 같이 놀면 안 되냐, 내 파티를 망칠 작정이냐고 했을 것이다! 하지만 다른 사람들 앞에서 춤을 추는 것은 그에게 부끄러운 일이라는 것을 알았기 때문에 나는 기다렸다가 나중에 그룹에 합류하기로 계획했다. 그렇게 하면 크리스와 함께 시간을 보내고 가족들과도 즐거운 시간을 보낼 수 있다.

놀랍게도 크리스는 자리에서 일어나더니 함께 해변을 산책하자고 제안했다. 댄스 파티에 참여할 생각이 전혀 없어 보였기 때문에 나는 약간 당황했다. 그가 산책을 하고 싶어한다는 것을 알기에 삐치지 않으려고 애쓰며 함께 나섰다. 그래도 실망을 감출 수는 없었다.

파티가 보이지 않는 해변에 도착하자 크리스는 멈춰 서서 나를 가까이 끌어당기고 천천히 춤을 추기 시작했다. 달빛 아래서 희미하게 들리는 음악에 맞춰 몸을 움직이자 물이 발끝을 간지럽혔고 나는 그의 품에 녹아 들었다. 그는 내가 춤을 추고 싶다는 것을 알고 있었지만 수많은 사람들 앞에서가 아니라 은밀하고 개인적인 방식으로 그 경험을 나누고 싶었던 것 같았다. 평생 소중히 간직할 아름다운 추억이다.

안전을 추구하는 모든 사람이 평범하지 않은 일을 하는 데 불편함을 느끼는 것은 아니라는 점을 염두에 두어야 한다. 내 아버지가 좋은 예이다. 아버지는 경험을 만드는 것을 좋아했고 목록과 계획, 안전하게 할 수 있는 방법만 있으면 되었다. 우리는 감정적 자석을 반드시 공유하지 않더라도 주변 사람들의 영향을 받는 경우가 많다. 나는 창의적인 경험, 조직, 구조, 목록을 좋아하는 아버지의 특성 중 일부를 물려받았다. 그 점에 대해 매우 감사한다. 아빠, 고마워요!

상대방의 감정적 니즈에 호소하면 거의 모든 사람이 행동을 취하도록 동기를 부여할 수 있다. 연인 관계에서는 상대의 감정적 니즈에 호소할 수 있도록 생각과 아이디어를 제시할 수 있다. 또한 각자의 요구가 충족되는 방식으로 둘이 함께 삶을 구성할 수 있다.

앞에서 살펴본, 주말 휴가를 계획하여 연인에게 깊은 인상을 남기고 싶은 사람을 예로 들어 보자. 상대방이 안전에 대한 감정적 니즈가 있다는 것을 알기 때문에 출발 1~2주 전에 여행 일정을 미리 계획하고 선물로 전달한다. 미리 여행 일정을 공유하면 그가 준비할 시간을 가질 수 있다. 또한 여행이 잘 계획되었다는 것을 알게 되어 여행 중에 불쾌한 돌발 상황이 발생하지 않을 것이라는 확신을 갖게 된다.

반면, 당신이 안전 지향형이라면 경험을 지향하는 연인을 뜻밖의 주말 여행으로 깜짝 놀라게 할 수 있다. 당신은 미리 여행계획을 꼼꼼하게 세우지만 여행의 모든 것이 그에게는 깜짝 선물이 되어 모험으로 느껴질 것이다.

주요 감정적 니즈가 충족되는 한, 사람들은 더욱 유연하게 어떤 것을 하고자 한다. 안전 지향의 사람이 소속감을 느끼지 못하는 사람들이 있는 화려한 파티에 참석한다고 상상해 보자. 성취를 지향하는 연인이 사람들과 어울리고 싶어 해서 가는 것일 뿐이다. 자, 자신이 편안하다면 파티에 참석하여 즐기지 말라는 법은 없다. 예를 들어, 함께 간 연인이 많은 사람들과 어울리기 위해 여러분을 버리지 않고 비슷한 관심사를 가진 몇 명의 사람들을 소개해 준다면 훨씬 더 편안함을 느낄 수 있을 것이다. 또한 그가 불편한 사진 포즈를 강요하거나 억지로 무대에 올라 노래를 부르라고 하지 않는다는 사실을 아는 것도 도움이 될 것이다.

함께 하는 사람이 자신의 감정적 니즈를 충족시키는 데 도움을 준다는 사실을 아는 것이 중요하다. 안전을 주요 정서적 자석으로 삼는 사람 중 일부는 노래방에서 노래 부르는 것을 꺼리지 않는다. 사람들은 모두 다르니까. 이러한 감정적 니즈를 가진 사람이 시끌벅적한 파티에서도 안심하고 즐거운 시간을 보내길 원한다면 편안함, 안정감, 안전함을 느끼게 하는 게 중요하다!

돌아보기

안전 감정적 자석을 가진 사람을 무엇이 밀어내고 끌어당기는지
알게 되었으니 몇 가지 질문으로 이들을 떠올려 볼 수 있다.

- 경계, 안전, 안정에 대한 누군가의 필요 때문에 좌절감을 느낀 적이 있는가?
- 안전함을 느끼고 싶었지만 그 욕구가 충족되지 않았던 상황이 있는가?
- 자신의 안전이나 가족의 필요를 위해 많은 시간과 노력을 투자하는 사람을 알고 있는가?

CHAPTER 4

성공을 향한 의지로 세상을 변화시키는
'성취' 감정적 자석

그들은 우리 주위에 있다. 어쩌면 당신도 성취가, 목표 설정자, 성공을 향한 의지로 세상을 변화시키는 사람 중 한 명일지도 모른다. 이들은 목적지에 도달할 때까지, 그리고 여정에서의 격려와 기자 회견에 더해 여정의 끝에서 칭찬과 상을 받는 번영에 이르기까지 어떤 것에도 멈추지 않는다.

    크리스와 나는 웨스트 코스트 트레일의 바로 남쪽에 있는 후안 데 푸카 마린 트레일에서 닷새간 트레킹을 한 적이 있다. 47km에 불과하지만 완만한 지형에서 어려운 지형까지 구불구불하게 이어지는 코스이다. 대부분의 사람들이 음식, 물, 텐트 등을 가지고 다니기 때문에 일반 트레킹보다 더 힘들다. 추천 일정은 4~6일 정도이다. 우리는 5일을 선택했다. 하지만 도중에 우리가 만난 사람들 중에는 하루 만에 완주한 사람들도 있었다. 그들은 다른 사람들이 불가능하다고 여기는 것을 재미있는 점으로 생각했다! 보통 그들은 자신의 이전 기록을 경신하려 하거나 현재 기록 보유자와 경쟁하고 있었다. 이들 대부분은 성취감으로 인해 달리는 것이 분명했다.

하루 종일 걷느라 지친 우리가 밴쿠버 아일랜드 와일드 사이드 트레일 해변에서 텐트를 치고 있을 때 낯선 사람이 우리 캠핑 구역으로 다가왔다.

"안녕하세요, 트래킹은 어떻습니까?" 그가 활짝 웃으며 말을 걸었다.

"안녕하세요. 우린 정말 즐거워요. 정말 멋진 곳이네요." 동료 하이커와 유대감을 느끼며 나도 인사했다. 이 외딴 해변에 도착하기 위해 몇시간이나 18kg키로의 배낭을 짊어지고 온 내 자신이 자랑스러웠다. 진정한 성취를 이룬 기분이었다.

"트레일을 완주하고 나서 등산화를 벗으니 기분이 정말 좋군요. 정말 힘들었어요!" 나는 그에게 나를 하이킹 숙련자 클럽에 넣어달라고 덧붙였다.

그는 미소를 지으며 고개를 끄덕였다. "네, 정상에 오르기 전에 워밍업하기 좋은 코스죠."

"어…… 네. 물론 그렇죠."

나는 더듬거리며 대답했다. 그래. 그 사람에겐 그렇겠지! 나에게는 온종일 힘든 여정이었고 발에 물집이 잡힌 것만 빼면 성공적이었다.

"참고로 바닷물에 떠다니는 걸 좋아하지 않으면 만조 전에 텐트를 나무들 근처로 옮기는 게 좋아요. 좋은 시간 보내세요."

나는 크리스를 바라보았다.

"우리 루저인가?"

라고 물으며.

"아니. 여보, 우린 위너Winner야. 산을 빨리 올라가는 게 인생의 큰 목표가 아닐 뿐이지."

"말 되네."

나는 한숨을 쉬었다.

"텐트를 옮기고, 불을 피우고, 파이어볼 위스키를 마시자고."

산에 달려서 올라갈 일은 없을 것 같지만, 나는 여전히 성취에 이끌린다. 야생에서 우리 중 한 명을 발견하는 방법은 다음과 같다.

'성취' 페르소나

이런 사람을 알고 있는가?

- 새벽 5시에 헬스장에 도착해 기분 좋게 단백질 스무디를 마시고 하루를 시작하기 위해 7시에 출발할 정도로 운동 루틴에 전념하는 사람.
- 고등학교 졸업 전에 자신의 커리어 전체를 설계하고 어떤 대가를 치르더라도 궤도에서 벗어나지 않는 사람.
- 판매 목표나 다른 목표를 달성하려 노력하는 사람?
- 일론 머스크, 오프라 윈프리, 리처드 브랜슨(영국 버진 그룹의 회장)의 반열에 오르거나 자신의 전문 분야에서 번창하는 비즈니스를 만들고자 하는 헌신적인 기업가.
- 언론으로부터 특정 주제에 대한 전문가 의견을 구하기 위한 전화를 받는 사람.
- 인스타그램을 보그 지誌의 한 페이지처럼 꾸미거나 폭풍우가 몰아치는 와중에도 완벽한 헤어스타일과 깔끔한 옷차림으로 나타난다. (당신은 부스스한 머리가 80년대 스타일 파마를 한 것처럼 보이지 않기를 바라는 중인데.)

- 많은 사람들을 멘토링하거나 코칭한다. 자신의 분야에서 최고에 도달하여 이제 그 성과를 사회에 환원하고 있다.
- 영화에 출연한 적도 없고 명성이나 부를 타고난 것도 아닌데도 마술처럼 마을에서 가장 핫한 파티에 초대받고 유명인 가십 칼럼에 오르는 사람

에베레스트 산 정상 트레킹, 눈부신 사업 시작, 세계 일주 항해, 유명 인사들과의 교류, 올림픽 메달 획득 같이 많은 사람들이 꿈꿀 법한 일을 해낸 성취자들은 훌륭한 스토리텔러인 경향이 있다.

그들이 어떤 분야에 있든 성취 지향자들은 근면과 끈기로 자신의 목표를 달성하기 위해 노력한다. 목표를 달성한 후에는 이를 세상에 보여주고 싶어 한다. 겉으로는 그들의 발전이 마법처럼 보일지 모르지만 그들은 대개 많은 시간을 들여 길을 닦고 VIP와 네트워크를 형성하고 게스트 리스트에 이름을 올린다. 어떤 무리에서 중요한 인물이 누구인지 파악하고 있고 그들을 알기 위해 노력한다. 비즈니스, 학업, 건강, 가족 또는 기타 분야에서 이룬 성과에 자부심을 가지고 있다. 그들은 훌륭한 롤모델이 되어 주변 사

람들에게 영감을 주고 깨달음을 주는 경우가 많다. 때로는 결단력과 매력으로 세상을 바꾸기도 한다.

어려운 환경이나 경쟁적인 가정에서 태어나서 자신의 가치를 증명하는 것을 평생의 업으로 삼는 성취 지향자들도 있다. 추진력이나 '영감을 주는 매력'을 타고난 것처럼 보이기도 한다. 다른 사람들이 아침에 일어나서 하품을 하며 커피를 마실 때 이들은 사기꾼처럼 활짝 웃으며 하루를 시작한다. 이들 중 일부는 성취에 너무 깊이 뿌리내린 자아를 가진 나머지 어떤 목표를 달성거나 넘어서지 못하면 정체성의 위기나 완전한 좌절을 겪을 수 있다는 단점을 가지고 있다. 이들은 자신의 노력이 보상받지 못함에 익숙하지 않다.

성취 감정적 자석을 가진 사람들은 그들의 일 안에서 길을 잃을 수 있다. 우리는 학업에 몰두하는 교수, 훈련에만 집중하는 운동선수, 사교 생활은 전혀 하지 않는 기업가 등의 고정관념에 익숙하다. 이러한 사람들은 자신이 잘하고 있다고 생각하는 일에 더 편안함을 느끼거나 대중의 인정을 받을 가능성이 낮은 영역의 일을 피하려 하기 때문이다. 말해 두자면 모든 성취 지향인이 대중적인 인지도를 원하는 것은 아니며, 자신의 분야에서만 인정을 받고 싶어

하는 사람들도 있다.

성취 지향자는 비즈니스를 다음 단계로 끌어올릴 목표 지향적인 인재가 필요할 때 가장 좋은 동료이다. 하지만 이들은 인정받고 싶어 하고 자신의 업적에 대한 인정을 갈망하기 때문에 충분한 칭찬, 보상과 함께 승진의 기회를 제공해야 한다. 그리고 가능하다면 화려한 이벤트에 초대해 주면 큰 감사를 표할 것이다.

'성취' 동기 요인

최고의 성취를 이뤘는가? 목표를 달성했을 때의 짜릿함이나 위대한 업적을 달성했다고 인정받는 것이 당신을 앞으로 나아가게 하는가? 이에 해당하는 사람을 알고 있는가? 잘 모르겠는가? 성취를 메인 감정적 자석으로 삼는 사람에게 무엇이 동기를 부여하는지 알아보자.

성취에 끌리는 사람들의 네 가지 주요 동기는 **인정**, **성과**, **의견**, **자존감**이다.

> **자신이 성취 감정적 자석을 지녔는지 확인해 보는 질문**
> - 어떻게 행동해야 이기거나 이득을 취할 수 있을까??
> - 내가 어떻게 인식될 것인가?
> - 어떻게 하면 더 많은 성공을 거둘 수 있는가?
> - 다른 사람의 성공을 위해 어떻게 멘토링할 수 있는가?

인정

- 만족감을 느끼려면 다른 사람보다 더 많은 인정을 받아야 한다.
- 목표 달성 자체보다 성과에 대한 인정을 받는 것이 더 중요할 수 있다.
- 당신은 성장과 인정을 제공하는 커리어 또는 리더십 역할에서 일하는 것을 즐긴다.
- 개인적 관계에서 자신의 노력에 대해 인정 또는 감사를 받기를 원한다. 그렇지 않으면 인정받지 못하거나 무시당한다고 느낀다.

성과

- 좋은 평판을 쌓고 유지하려는 동기가 강하다.

- 열심히 일하고 노력에 대한 보상과 인정을 좋아한다.
- 근면성실하며 목표 달성을 위해 일을 잘 처리한다.
- 재미있고 호감가는 훌륭한 스토리텔러이다.
- 종종 파티의 중심이 된다. 외향적이지 않더라도 자신이 정복한 분야(학계, 기술계, 패션계 등)의 최신 트렌드와 시사에 대한 최신 정보를 파악하고 있으며 이에 대해 열정적으로 토론하는 것을 좋아한다.

의견
- 문제에 대해 의견을 제시하는 것을 좋아하며 누가 시키지 않아도 종종 의견을 제시한다.
- 다른 사람의 눈에 비치는 자신의 모습을 중요하게 생각하기 때문에 어딘가에 갈 때는 논의될 수 있는 문제에 대해 의견을 제시할 준비를 한다.
- 자신의 결정에 자신감이 있고 자신의 의견으로 다른 사람에게 영향을 미치는 경향이 있다.
- 카리스마가 있고 본능적으로 사람들과 연결되는 방법을 알고 있다.
- 자신의 분야에서 리더이기 때문에 다른 사람들이 당신의 의견을 구한다.

자존감
- 인기를 얻고 싶어하며 자신의 업적, 소유물, 행동 또는 경험으로 눈에 띄는 기회를 찾는다.
- 외모에 신경을 많이 쓰고 완벽한 의상과 액세서리를 고르는 데 신경을 쓴다.
- 다른 사람들이 이들의 소유물, 경험, 업적에 대해 감탄한다.
- 직업, 친구, 동료, 브랜드, 경험, 소지품을 신중하게 선택한다.

'성취'의 걸림돌

다른 감정적 자석과 마찬가지로 성취에도 몇 가지 걸림돌이 있다. 이에도 좋은 점이 있다. 속도를 늦추고 걸림돌이 가까워지는 것을 보는 법을 익히면 당신은 거기에 시속 160km로 달려들지 않고 사고를 피할 수 있다.

통제
- 자신이 처한 상황을 통제하려는 자연스러운 충동을 가지고 있다.
- 통제력이 약해지고 있다고 느끼면, 그 상황에서 벗어

나거나 적대적인 태도를 취하게 될 것이다.
- 상황을 통제하려는 욕구는 같은 상황의 다른 사람들의 성취를 방해할 수 있다.

비판
- 비판은 감당할 수 있는 것이 아니라 자존심에 상처를 입히는 것이다. 안전 지향인 사람이 비판을 받으면 안전하지 않다고 느낄 수 있는 것과 비교해 보자. 도전을 받는 것과 비판을 받는 것은 별개의 문제라는 점에 유의하자. 누군가 더 잘할 수 있다고 말하거나 더 중요한 도전을 제안하는 것은 당근을 눈앞에 매달아 놓는 것과 같다.
- 자신에 대한 비판을 잘 받아들이지 못하지만 때로는 농담으로라도 다른 사람을 비판하는 것을 좋아한다.
- 오랫동안 원한을 품을 가능성이 있고 기분을 상하게 한 사람에게 복수하기 위해 많은 노력을 기울이도 한다.

과장
- 약간의 과장이 자신의 이야기와 인생을 더욱 흥미롭게 만들 수 있다고 생각한다.

- 다른 사람이 자신의 이름을 거론하면 기분이 좋아지고, 스스로도 그러는 경향이 있다. 또는 자신의 업적을 두서 없이 말한다.
- 당신은 진실을 강조하는 것을 좋아한다. (그렇게 하면 이야기를 듣기에 매우 설득력 있게 만든다).

'성취'는 특정 상황에서 어떻게 행동하는가

성취를 메인 감정적 자석으로 삼는 사람이 어떻게 행동하는지 시나리오를 통해 살펴 보자. 이 시나리오를 통해 자신이나 다른 사람이 이 유형에 해당하는지 알아보는 데 도움이 될 수 있다. 시나리오를 읽는 것은 마치 추리 게임에서 단서를 찾아 자신이나 지인이 성취 프로필과 일치하는지 확인하는 것과 같다.

사람들은 보통 네 가지 감정적 자석 모두에 어느 정도씩 끌리고 있다는 것을 기억하자. 단지 우리의 메인 감정적 자석이 무엇인지 알아내기만 하면 된다. 이를 알아내면 우리 자신을 이해하는 데 도움이 되어 더 나은 결정을 내리고 다른 사람에게 감정을 전달할 수 있도록 도와준다.

새로운 사람 만나기

일반적으로 사람들과 어울리는 것을 즐기거나 최소한 네트워킹의 이점을 알고 있기 때문에 능숙한 것처럼 꾸며낼 수 있다. 하버드대 지식인, 고위 임원, 프로 운동선수, 보그 패셔니스타 등 특정 그룹과 어울리는 것을 유난히 또는 편안하게 여기는 <u>유일한</u> 사람일 수도 있다. 당신은 일반적으로 좋은 이야기를 들려주거나 사람들이 전문적인 의견을 구하기 위해 찾아오는 사람으로 알려져 있다.

특히 유명인, 인플루언서, 유명 기술 기업가 등의 VIP를 만날 가능성이 있거나, 연사 패널로 참여하거나 업계의 시상식에 참석하는 경우처럼 자신의 지식이나 업적을 다른 사람들에게 인정받을 때 이벤트에 참여하는 데 매력을 느낀다.

부탁 들어주기

부탁을 들어주면 상대가 고마워할 것이라고 생각한다면 그 부탁을 들어줄 확률이 높다. 하지만 결과적으로 그 부탁이 너무 많은 일이라고 생각하거나 감사 표시가 너무 적다고 생각하면 나중에 쉽게 비판할 수 있다. 또한 도움을 요청 받은 상황에 대해 좋은 것이든 나쁜 것이든 조언을 해주려는 의도로 요청 받지 않은 의견을 공유할 수도 있다. 아, 그리고 만약 도전과 관련된 부탁이라면. 시작! 게임이 시작된다! 당신의 도움이 훌륭한 결과를 낳았다면 업적 스토리에 추가할 것이다.

자동차 여행 계획

여행 경로를 선택하는 데 도움을 주고 싶거나, 적어도 도중에 들르면 좋을 곳에 대한 의견을 내고 싶을 것이다. 악명 높거나, 기상천외하거나, 럭셔리하거나, 인스타에 올릴 만한 곳, 또는 같은 업계 동료들이 좋아할 만한 흥미진진한 장소를 검색할 것이다. 진흙밭에서의 모험이든 고급스러운 모임이든 어떤 환경에서도 멋지게 보일 수 있도록 의상도 미리 계획한다.

새로운 집 구입

중개업자가 성공했거나 유명하거나 부유한 이웃에 대해 이야기하거나 이 지역이 집을 사기에 적합한 '떠오르는 핫플레이스'라고 알려줄 때 관심을 기울이기 시작한다. 또한 해당 주택에 자신의 성취가 반영되어 있는지 인상적인 특징이 있는지 중요한 인물이 설계했는지 등을 고려하게 된다. 당신의 성취가 IT 분야에 기반한 것이라면 컴퓨터 방의 크기에만 관심을 가질 수도 있다. 모험을 즐긴다면 레스토랑과 등산로에서 가까운 집, 수영장, 넓은 발코니, 여흥을 즐길 수 있는 정원 파티오가 있는 집을 원할 수 있다.

소셜 미디어 이용

소셜 미디어를 좋아하고 시간이 허락하는 한 자주, 많이 게시하는 경향이 있다. 소셜 미디어 인플루언서일 수도 있다. 자신의 모습을 잘 드러내는 셀카는 물론 소지품, 스타일, 성취를 과시하는 사진을 즐겨 찍다. 자신의 의견을 제시하고 관심 있는 업계의 인플루언서나 유명인을 팔로우하는 것을 좋아한다. 포스트의 반응, 팔로워 수를 늘리는 것, 엄선된 VIP 팔로워를 확보하는 것을 중요하게 여긴다.

갑작스러운 손님

집의 주인으로서 실력을 인정받을 수 있는 기회라고 생각하기 때문에 갑작스러운 손님도 대개 반갑게 맞이한다. 하지만, 집의 외관과 짧은 시간에 어떤 음식을 준비해서 내놓을까 걱정한다. 그럼에도 손님의 마음을 사로잡기 위해 한껏 매력을 뽐내 볼 것이다.

성취 감정적 자석의 작동 방식

성취는 나의 메인 감정적 자석 중 하나이기 때문에 어려운 일을 해내거나 상상하지 못했던 것을 창조하거나 가능한 한 몸과 마음을 시험하고 싶은 욕구가 끊임없이 불타오른다. 나는 끊임없이 무언가를 위해 노력하고 있고, 그게 내가 좋아하는 방식이다! 하지만 때때로 스스로 만든 활활 타오르는 영광의 길에 도달하지 못했을 때 나의 성취에 대한 격렬한 욕망은 주변 사람들을 힘들게 하기도 한다.

나는 2019년에 감정적 자석에 관한 테드 강연을 하겠다는 목표를 세웠다. 몇 달 동안 코치와 함께 대본을 만들고, 최종 후보에 올라 틈날 때마다 오디션 대본을 연습했다. 오디션 당일이 다가왔을 때 나는 준비가 되어 있었고 최종 연사로 선정될 것이라고 확신했다. 하지만 나는 선정되지 못했고 그 후유증은 심각했다.

내가 오디션을 준비하는 몇 달 동안 크리스는 나의 집착을 견뎌냈다. 그는 내가 준비 과정을 진행하는 방법이 전혀 만족스럽지 않았음에도 불구하고 최선을 다해 나를 지지해 주었다. 나의 집념은 우리의 라이프스타일에 스며들었다. 대본은 집안 벽에 붙어 있었고 저녁과 주말 연습 세션이 바로 이 벽에서 울려 퍼졌으며 나는 이에 대해 이야기하는 것을 멈추지 않았다. 최종 목표가 가까워지면서 나는 열정과 낙관주의로 내가 선발될 것이라고 크리스에게 장담했다. 그런데 선발되지 못했다.

"전달력이 매우 뛰어나고, 공감할 수 있는 대본에 전파할 가치가 있는 아이디어이지만 짧은 테드 강연에는 좀 더 간결할 필요가 있다고 하더군요." 라고 코치가 전해 주었다.

말할 필요도 없이 나는 이 소식을 잘 받아들이지 못했다. 몇 주 만에 나는 내가 10년 동안 해온 일에 대해 의문을 품게 되었다. 하지만 침묵 속에서 의문을 가진 것이 아니라 크리스에게 큰 소리로 의문을 제기했다. 크리스의 메인 감정적 자석은 안전이었기 때문에 그는 매우 걱정했다. 그는 나를 어떻게 도와야 할지 모르겠다며 필요한 답을 얻기 위해 전문가의 도움을 받으라고 제안했다. 결국 나는 모든 질문 끝에 비행기를 타고 세도나 명상원에서 명상 지도자와 함께 일주일을 보내기로 결심했다.

명상 프로그램은 실패에 대한 두려움에 마주할 수 있게 해주었기 때문에 아마도 테드를 향한 여정에서 가장 좋았던 부분일 것이다. 초등학교 때 팀에서 꼴찌로 뽑혔던 기억과 다른 몇 가지 불행했던 기억이 떠올랐다. 사실 학교에서 꼴찌를 하는 것에 대한 두려움은 애초에 내가 성취를 이룬 사람이 되고 싶은 많은 이유 중 하나였을 것이다. 나에게는 어딘가에 소속되어 소속감을 느끼고 호감을 주고 싶다는 강력한 욕구가 있다는 것을 깨달았다.

때때로 우리의 감정적 니즈는 자아 중심적이다. 이럴 때 우리의 연인은 크리스가 그랬던 것처럼 곁에 있어 주고 우리가 얼마나 대단한 사람인지 말해 줌으로써 우리를 가장 잘 지지해줄 수 있다. 또한 우리가 진심으로 원한다면 다시 할 수 있다고 말해 줄 수도 있다. 하지만 성취 지향인의 연인이 할 수 있는 가장 좋은 일은 우리에게 생각해보라고 하는 것이다. 왜 성취하고 싶은가? 무엇이 우리를 움직이게 하는가? 그것은 건강한가, 그렇지 않은가?

나는 명상 베개와 맑은 머리를 가지고 명상원에서 집으로 돌아왔다. 테드 강연에 대한 내 결심은 더욱 확고해져서 크리스를 놀래켰다. 스스로에게 질문을 던져 본 결과 나는 인정을 받고 싶다는 욕구를 넘어 공유해야 할 중요한 메시지가 있다는 것을 깨달았다. 다시 테드 코치와 함께 작업하며 인생의 변화를 일으킬 이 놀라운 정보를 〈성공적인 연애 관계의 비결〉이라는 10분짜리 프레젠테이션으로 압

축하는 데 집중했다. 9개월 동안 매일매일 준비했고 이번에는 선정되었다.

불행히도 코로나19 팬데믹이 전 세계를 휩쓸고 있을 때 나는 카메라 외에는 아무도 없는 폐쇄된 영화 세트장에서 영화 제작자 청중에게 프레젠테이션을 해야 했다. 박수, 웃음소리, 미소 등 내 강연이 잘 전달되고 있는지 가늠할 수 있는 즉각적인 반응은 없었다.

2주 후 소파에 앉아 편집된 영상을 보면서 나는 울고 싶었다. 연설은 성공적으로 마쳤지만 간절히 원했던 청중으로부터의 감정적인 피드백을 받지 못했다. 고맙게도 자매들이 꽃을 보내 주고 팀에서는 정육 선물세트를 보내 주고, 크리스도 나에게 대단하다고 계속 말해 주었다. 성취 감정적 자석을 가진 사람에게는 이런 종류의 반응이 필요하다. 그리고 명상 수련도 도움이 되었다.

자신이 가장 공감하는 감정적 자석이 무엇이든, 자신의 정서적 안녕에 대한 책임은 스스로 져야 한다. 하지만 크리스가 그랬던 것처럼 파트너의 여정을 이해하고 지지해 준다면 삶은 훨씬 더 나아질 수 있다. 크리스가 나에게 가장 큰 도움을 준 두 가지는 내가 목표를 향해 끊임없이 노력할 수 있게 해 준 것과 목표를 달성하든 실패하든 감정적으로 지지해 준 것이었다. 성취를 추구하는 사람들에게 원칙적으로 필요한 것은 바로 이런 것이다.

성취 지향자는 자신의 한계를 깨고 목표를 달성하기 위해 세계 끝까지 여행하기 때문에 함께 있으면 매우 재미있을 수 있다. 그들은 더 나은 사람이 되고 더 잘하기 위해 끊임없이 노력하며, 그 목표에는 인간관계도 포함된다. 그들은 우리가 인식하는 한계를 포함하여 경계를 허무는 것을 좋아한다. 그렇다고 고향의 도시 경계를 벗어나지 않는다고 해서 인생을 잘 살지 못한다는 말은 아니다. 중요한 것은 자신이 좋아하는 일을 하고 정서적 요구를 충족하며 인생이 제공하는 더 많은 것을 지속적으로 즐기기 위해 도전하면서 행복을 느끼는 것이다.

돌아보기

성취 감정적 자석을 가진 사람을 무엇이 밀어내고 끌어당기는지 알게 되었으니 몇 가지 질문으로 이들을 떠올려 볼 수 있다.

- 목표를 달성하기 위해 모든 것을 희생해야 한다는 누군가의 요구에 짜증이 났던 상황을 떠올려볼 수 있는가? 이러한 욕구가 상대방의 판단력을 흐리게 하거나 다른 방식으로 삶에 해로운 영향을 미쳤다고 생각하는가?
- 성취에 대한 욕구가 삶의 다른 영역에 어떤 영향을 미쳤나?
- 본인이나 지인이 실패를 경험한 후 망가진 적이 있는가?

CHAPTER 5

1달러의 쓸모를 아는
'가치' 감정적 자석

이번 감정적 자석은 가족, 친구, 고객에서 벗어나 한 공인의 이야기를 통해 자세히 살펴 보겠다.

사무엘 무어 월튼Samuel Moore Walton(1918~1992)은 프랜차이즈 소매점인 월마트와 샘스클럽을 설립한 미국 기업가이다.[8] 월마트는 세계 최대 민간 고용주이자 매출 기준 세계 최대 기업이 되었다.

월튼의 메인 감정적 자석은 가치로 보인다. 그는 픽업트럭을 몰고 다녔으며 큰 부자가 되었음에도 화려한 라이프 스타일을 추구하지 않았다. 여행할 때 경제적인 가격의 호텔에 머물렀고 패밀리 레스토랑에서 식사를 했다. 월튼은 그의 자서전《월마트, 두려움 없는 도전 Sam Walton, Made in America: My Story》에서 월마트를 설립할 때 가치에 기반해 내린 여러 결정에 대한 이야기를 들려 준다.

월튼과 그의 직원들은 1달러의 가치를 믿고 저렴한 가격의 고품질 제품을 제공했다. 그의 주요 목표는 사람들의 돈을 절약하는 것이었다. 월튼은 월마트가 1달러를 허투루 쓸 때마다 그 비용은 결국 고객의 주머니에서 나온다고 확신했다. 그리고 그는 고객이 나쁜 거래를 위해 매장에 와서 돈과 시간을 낭비하는 것을 원하지 않았다.

그의 경력은 월마트에서 시작한 것도 사람들의 돈을 절약하는 데 초점을 맞춘 것도 아니다. 1940년 월튼은 첫 직장인 JC페니[미국의 백화점 체인]에서 월 75달러를 받는 관리직 수습사원으로 일하고 있었다. 어느 날 JC페니의 대표이사인 제임스 캐시 페니가 매장을 방문해 월튼에게 간단한 비용 절감 기법을 알려주었다.

페니는 평소보다 훨씬 적은 양의 끈과 종이로 상품을 멋지게 포장하는 방법을 알려주었다. 이는 젊은 수습사원에게 깊은 인상을 남겼다. 그는 이렇게 절약의 가치를 깨닫게 되었다.

1945년, 월튼은 아칸소 주 뉴포트에 있는 목화와 철도로 알려진 인구 7천 명의 도시에서 벤 프랭클린 프랜차이즈라는 잡화점을 처음 운영하게 되었다. 얼마 지나지 않아 그는 프랜차이즈 판촉 프로그램에서 벗어나 독자적인 실험을 시작했다. 고객과 운영 비용을 절감하기 위해서는 점점 더 혁신적인 방법을 모색하는 것이 당연했다. 그는 기발한 프로모션을 만들기 위해 열심히 노력했고 제조업체와 협상하여 중간 상인을 통하지 않고 직접 구매를 하기도 했다. "이 끈과 리본을 직접 구매하고 싶다. 당신이 버틀러 브라더스〔도매 업체〕에 판매하면 나는 버틀러 브라더스에 25% 더 많은 비용을 지불해야 한다."[9]라고 제안했다. 월튼은 월마트를 창업할 때도 같은 전략을 사용했다.

흥미롭게도 샘의 아내 헬렌의 주된 감정적 자석은 안전이었던 것으로 보인다. 결혼 초기에 남편이 대도시에서 살자고만 하지 않는다면 가자고 하는 곳 어디든 가겠다고 말했다. 헬렌은 한 마을에 만 명만 있어도 충분하다고 했다. 그의 감정적 니즈를 존중하면 인구 만 명이 넘는 마을은 월튼 부부가 살 수 없는 곳이었다. 그 결과 초기의 소도시 전략은 몇 년 후 월마트를 성공으로 이끌었다.

당시 월튼이 도입한 초기의 철학과 관례는 오늘날에도 여전히 월마트에서 널리 통용되고 있다. 월마트는 고객의 구매력을 높이기 위해 항상 색다른 공급 업체, 정보, 특가 상품을 찾고 있다. 월튼의 가치에 대한 감정적 니즈는 더 많은 가치를 추구하게 했고 이는 제자리 걸음을 하던 소매업에 작용하여 궁극적으로 성공적이고 경쟁력 있는 할인 소매업 전략을 만들었다.

'가치' 페르소나

이런 사람을 알고 있는가?

- 시간과 비용이 얼마나 드는지 먼저 알기 전에는 아무 데도 가지 않으려는 사람.
- 가장 좋은 케이블TV, 전화 및 인터넷 패키지를 찾기 위해 광범위하게 조사한 다음 포인트를 받기 위해 신용카드로 매달 한 번씩 결제하는 사람.
- 직장에서 거의 모든 절차에 대해 새롭고 훨씬 더 시간 효율적인 시스템을 발명해 상사로부터 인정을 받는 사람. 일주일에 4시간만 일하기 개념을 창안한 팀 페리스Tim Ferriss(작가 겸 투자자로 대표작에《나는 4시간만 일한다》《타이탄의 도구들》이 있다)를 생각해 보자.
- 품질의 의미를 이해하고 최고 품질이 아닌 것은 절대 사지 않는 사람.

- 100번 세탁해도 변색되지 않는 원단과 3번만 세탁해도 변색되기 시작하는 원단의 차이를 아는 사람.
- 의미 있는 교류가 있기 전에는 절대로 누군가와 친구가 되지 않는 사람.
- 해피아워 이벤트 가격 혜택을 누리기 위해 레스토랑에 일찍 가서 저녁 식사 손님이 도착하기 전에 주문하는 사람.
- 음식을 먹지 않고 상하게 해서 버리는 등의 낭비를 싫어하는 사람.
- 투자, 사업 승계, 재산 가치 증대 등 자신의 노력이 자신이나 타인의 미래 가치를 창출할 수 있도록 하는 데 관심이 많은 사람.

사랑, 경험, 돈, 어떤 가치에든 매력을 느낀다면 시간과 비용 투자에 대한 잠재적 수익을 끊임없이 평가하고 계산한다. 1달러는 그냥 1달러가 아니다. 사탕 한 개를 살 수 있고 은행에 넣어두면 이자가 붙을 수 있는 돈이다. 다른 달러와 결합하여 벤처에 투자하면 엄청난 투자 수익률(ROI)을 얻을 수 있다. 현명하게만 투자한다면. 마찬가지로 1초는 그냥 1초가 아니다. 연구나 비즈니스의 토대를 마련하는 등 현명하게 투자하면 결국 큰 성과를 거둘 수 있는 시간이다.

성장을 제공하고 낭비를 최소화하는 모든 것에 끌린다. 시간을 절약하는 시스템과 프로세스, 성장 주도형 기업은 잘 아는 분야이다.

또한 품질의 가치도 알고 있다. 일반 린넨과 이집트산 면, 포드와 마세라티의 차이를 잘 알고 있다. 일단 무언가를 사거나 무언가에 투자하면 그것을 잘 관리한다. 소유한 부동산을 말끔하게 꾸미고, 자동차를 세심하게 관리하고, 우정을 잘 가꾸는 것은 당연한 일이다.

유산을 중요하게 여긴다. 사랑하는 사람이나 전 세계에 가치 있는 무언가를 남기고 싶을 것이다.

가치를 지향하는 사람들은 새로운 사업을 시작하거나 주택 구입의 장단점을 따져볼 때 가장 좋은 친구이다. 하지만 데이트 계획을 세울 때는 어려운 상대일 수 있다. 당신이 가고 싶어하는 레스토랑이 정말 투자할 만한 가치가 있는지 알아보려고 고집을 부릴 수 있다.

그렇지 않다면 집에서 식사를 하고 싶어할 수도 있고, 가격이 매우 저렴하거나 음식이 매우 맛있어서 더 나은 가치를 제공하는 다른 장소를 선호할 것이다. 많은 비용을 지불할 거라면 미슐랭 스타를 받은 곳이어야 한다. '가치'를 메인 감정적 자석으로 삼지 않는 사람들에게는 레스토랑에 대한 이 모든 호들갑이 조금 심하다고 느껴질 수 있다. 결국 저녁 식사 데이트일 뿐이니까! 그저 긴장을 풀고 즐거운 시간을 보내고 싶을 뿐이다. 반면에 가치 중심형 사람들에게는 저녁 식사 데이트에서 상당한 가치를 얻지 못한다면 저녁 식사를 하는 의미가 없다.

자신이나 지인에 이러한 유형에 해당되는 사람이 있는가? 더 자세한 내용을 알아보려면 계속 읽어 보자.

가치 동기 요인

가치의 네가지 주요 동기 요인은 **값어치**worth, **성장**, **낭비 방지**, **의미**이다.

값어치
- 끊임없이 사물의 가격을 계산하다.
- 자신의 가치를 높이고 돈을 벌고 재산을 늘리고 싶어 한다.

- 가치가 있다고 생각되는 일에만 시간을 투자한다.
- 새 차를 사든 레스토랑에서 저녁을 먹든 회사 주식을 사든 재정적 투자에 대한 좋은 수익을 원한다.
- 직장에서는 급여에 만족해야 하고 노력에 대한 보상을 받아야 하며 '단지 재미로' 일하지 않는다.
- 가능한 한 적은 노력으로 돈을 벌거나 그에 상응하는 보상, 재산, 소유물을 갖기를 원한다.
- 어떤 사람, 직업 또는 기타 노력이 시간을 투자할 만한 가치가 있다고 생각한다면 그 가치를 높게 평가할 것이다.

자신이 가치 감정적 자석을 지녔는지 확인해 보는 질문

- 나의 노력, 시간, 돈을 들일 가치가 있는 일인가?
- 이것이 효율적인가?
- 이 선택으로 비용을 절약할 수 있는가?
- 이 선택을 통해 재정적으로 어떻게 이익을 얻고 성장할 수 있는가?
- 내가 투자할 시간과 돈의 대가로 무엇을 얻을 수 있는가?

성장

- 무슨 일을 하든 성장하고 있다는 느낌을 받고 싶어 한다.
- 절약하고, 이익을 내고, 쟁취하고, 투자하여 계속 성장할 수 있는 돈을 버는 데 집중한다.
- 부동산 소유와 좋은 경기를 열망한다.
- 회사에 투자하거나 아이디어를 개발하는 경우 문제를 해결하거나 재미있게 일할 수 있을 뿐만 아니라 미래 성장 가능성이 있는지 확인해야 한다.

낭비 방지

- 시간이나 돈을 낭비하는 것을 좋아하지 않는다.
- 경험이나 소유에 대한 비용을 지불하든 우정을 쌓는 등 어떤 종류의 투자를 하든 ROI(투자대비 소득)가 보이지 않는다면 손대지 않을 것이다.
- 재산과 소유물을 좋은 상태로 유지하기 위해 열심히 노력한다.
- 비즈니스를 운영하는 경우 자원이 낭비되지 않도록 신경쓴다.

의미
- 어떤 일을 하거나 구매하는 모든 것에는 어떤 종류의 의미가 있어야 한다.
- "이것이 나에게 어떤 가치를 제공하는가?"와 "이것이 의미가 있는가?"가 지침으로 삼는 말 두 가지이다.
- 자신이 하는 일이 다른 사람에게 중요하거나 스스로에게 중요하다고 생각하는 일이라면 좋아한다.
- 자신의 업적과 금전적 성공을 통해 유산을 남기고 싶어 한다.

'가치'의 걸림돌

안전벨트 맸는가? 가치의 걸림돌을 넘어갈 준비가 되었나? 좋다. 이제 평탄하지 않을 것이다.

손해에 대한 두려움
- 예상치 못한 비용 지출, 금전적 손실, 재산상의 손해를 두려워한다. 이런 종류의 두려움은 스트레스를 유발하고 행동을 취하는 데 방해가 될 수 있다.

- 자신이 가진 것을 잃을지도 모른다는 두려움은 달성한 성공을 즐기는 대신 한 푼이라도 더 벌기 위해 움츠러들게 만들 수 있다.
- 손실에 대한 두려움은 다른 사람에게 기회를 뺏길까 봐 두려워서 바겐세일을 지나치기 어려운 것처럼 잘못된 타이밍에 행동으로 옮기도록 유도할 수도 있다.

근시안적 사고
- 시간과 비용이 가장 효율적인 DIY 솔루션을 선택하려는 자연스러운 경향은 결국 장기적으로 더 많은 시간과 자원을 낭비하게 만들 수 있다. 이는 개인적인 관계에 대한 투자에도 마찬가지이다. 집에 머물면서 더 맛있는 음식을 먹을 수 있는데 레스토랑에서 데이트를 하는 것은 이치에 맞지 않는다. 하지만 그 시간과 돈을 투자하면 더 나은 관계를 맺을 수 있는 경험을 할 수 있다.

까다로움
- 시간과 돈을 누구에게 쓸 것인지를 까다롭게 선택한다. 하지만 일단 누군가를 목록에 올리면 그 사람과

함께 하는 것을 진심으로 소중히 여기고 그들에게 매우 너그럽게 대한다.

'가치'는 특정 상황에서 어떻게 행동하는가

다른 감정적 자석과 마찬가지로 가치 감정적 자석을 가진 사람이 어떻게 행동하는지 알아보기 위한 시나리오를 살펴 보자. 아마도 여러분 자신이나 주변 사람들의 모습을 발견할 수 있을 것이다.

새로운 사람 만나기

의미 없는 수다에 시간을 낭비하는 것을 좋아하지 않는다. 대신 상대방에 대해 깊이 알아가고 그 사람이 진정으로 시간과 노력을 들일 가치가 있는지 스스로에게 물어본다. 대화가 끝난 후에도 그 사람을 다시 만날지 여부를 결정하기 전에 이 질문을 다시 생각해 볼 수 있다.

부탁 들어주기

누군가에게 부탁을 받으면 얼마나 많은 시간, 노력, 비용이 필요한지 고려한다. 인생에 남기고 싶은 사람을 돕거나 보답을 받을 수 있는 사람을 돕는 등 그 일이 충분히 가치가 있다고 생각되면 부탁을 들어준다.

여행 계획

여행을 떠나기 전에 시간과 비용 면에서 가장 효율적인 경로를 계산해 볼 것이다. 한 정거장을 건너뛰어야 한다면 그렇게 한다. 시간이나 비용을 절약할 수 있다고 생각되면 운전을 건너뛰고 목적지까지 비행기를 타는 것도 고려할 수 있다.

새로운 집 구입

중개업자가 새 집을 소개할 때 태양열 발전 시스템이나 비용 절감을 위한 단열재 등 비용을 절감할 수 있는 요소에 대해 이야기하는 순간부터 관심을 기울이기 시작하다. 집의 전반적인 품질도 중요하다. 돈이 있다면 품질에 대한 비용을 지불해도 상관없다. 물론 좀 더 좋은 가격을 당연히 더 선호한다. 또한 해당 주택이 향후 몇 년 동안 투자 수익을 가져다줄 수 있는지를 결정하기 위해 질문하고 꼼꼼하게 조사한다.

소셜 미디어 이용

고객 확보나 팔로워 증가가 목적이 아니라면 소셜 미디어에 게시물을 올리는 것을 좋아하지 않는다. 개인 계정에 게시물을 올리려면 가족에게 도움이 되는 내용이나 좋은 콘텐츠라고 생각되는 내용이어야 한다. 피드를 빠르게 스캔하며 자신에게 가치 있는 콘텐츠가 있는지 확인한다. (예를 들어 가장 많은 추천을 받은 레딧Reddit 인기 게시물)

갑작스러운 손님 방문

손님이 갑자기 문앞에 나타나면 도대체 어떻게 이런 일이 일어났는지 의아해 한다. 계획에 부정적인 영향을 미치고 귀중한 시간을 낭비하는 일이라고 생각할 가능성이 높다. 하지만 현관 앞에 있는 사람을 진심으로 사랑한다면, 그 순간 누군가와 만나고 싶지 않거나 만날 시간이 없더라도 시간을 투자할 만한 가치가 있다고 생각할 수 있다.

가치 감정적 자석의 작동 방식

"크리스, 오늘 밤 스킵더디시로 배달을 시켜도 괜찮겠어?"

얼마 전 회사에서 집으로 늦게 돌아온 나는 저녁을 주문하고 싶어 크리스에게 물었다.

"그럼, 레스토랑을 골라 주면 안 될까?"

나는 스킵더디시 앱의 목록을 한참 훑어보다가 그가 좋아할 만한 곳을 찾았다.

"프레시는 어때?" 나는 그가 좋다고 대답할 거라 확신하며 물었다. 그가 이 곳의 메뉴를 알고 있었기 때문에 안전에 대한 그의 니즈를 채울 수 있었다.

"안 돼." 크리스는 고개를 저으며 말했다. "그럴 수 없어."

"잠깐, 뭐라고?" 내가 물었다. "부리토 좋아하잖아."

"네, 예쁜이, 네, 하지만 세 블록 떨어져 있어."

처음엔 외계인처럼 그를 쳐다보다가 크리스의 또 다른 메인 감정적 자석인 '가치'를 마음속으로 다운로드했다. 나는 몸을 기울여 그의 뺨에 키스했다.

"물론 프레시에서 주문하고 싶지 않을 거야. 세 블록밖에 안 떨어져 있고 배달비를 내기에는 너무 가까우니까. 당신이나 나, 아니면 우리 둘 다 걸어가서 픽업하면 되겠지. 하지만 궁금한 게 있는데, 배달비를 내려면 얼마나 멀리 떨어져 있어야 할까?"

"걸어서 20분 이상 거리는 돼야 해." 그가 밝게 대답했다.

"알겠어." 내가 고개를 끄덕이며 물었다.

"배달을 시킬 거야? 아니면 프레시에서 픽업할 거야?"

"게으름 피우고 싶어. 배달로 하자!"

네 가지 감정적 자석을 발견하기 전에는 연인 중 한 명이 나와 이런 대화를 나눴다면 성가시거나 정신이 나간 사람으로 치부해 버렸을 터이다. 문 앞까지 음식이 배달되기를 원한다는 건 말 그대로 문 앞으로 음식이 배달되기를 원하는 것이다! 원하는 음식이 불과 몇 블록 떨어진 식당에서 온다 해도, 그렇게 하면 된다! 원하지도 않고 좋아하지도 않는 음식을 배달 비용을 지불하고 다른 식당에서 주문하는 이유는 무엇일까? 내 경험 중심 사고방식으로는 도저히 이해할 수 없는 일이다. 하지만 가치 감정적 자석을 가진 크리스는 동네 식당에는 언제든 갈 수 있으므로 배달비를 내려면 그 식당이 집에서 충분히 멀어야 한다. 또한, 배달은 특히 친환경적인 선택도 아니라고 생각한다.

누군가가 왜 그런 선택을 하게 되었는지 이해하게 되면 그 사람을 심판하기는 더 어려워지고 공감하고 받아들이기는 더 쉬워진다.

돌아보기

가치 감정적 자석을 가진 사람을 무엇이 밀어내고 끌어당기는지 알게 되었으니 몇 가지 질문으로 이들을 떠올려 볼 수 있다.

- 저렴한 가격을 찾아 돈을 절약하려는 누군가의 강한 욕구에 당황했던 때가 기억나는가?
- 자신의 시간을 소중히 여기는 욕구 때문에 인간관계에 갈등이 생긴 적이 있는가?
- 낭비를 줄이고 더 많이 저축하는 데 진지하게 몰두하는 사람을 알고 있는가? 그 사람과의 관계에 어떤 영향을 미쳤나?

CHAPTER 6

창의적인 영혼을 가진
'경험' 감정적 자석

나는 크리스와 함께 크리스마스 연휴를 즐길 새롭고 흥미로운 방법을 찾고 있었다. 온라인을 검색하던 중 우연히 캐롤십이라는 이벤트를 발견했다. 캐롤십은 매년 밴쿠버에서 열리는 빛의 축제이다. (2017년부터 공식적으로는 더 이상 열리지 않지만 여전히 비공식적으로 열리고 있다). 이 축제에서는 불빛으로 장식된 배들이 해안을 따라 순항하고 구경꾼들이 축제 분위기를 만끽한다. 부모님은 12월의 추운 밤에 퍼레이드를 보러 해변에 가자고 말씀하시곤 했다.

그 광경을 직접 보고 싶다는 호기심에 나는 배 한 대의 티켓을 구했다. 단순히 퍼레이드를 보는 것이 아니라 퍼레이드의 일부가 될 수 있었으니까! 나는 바로 티켓을 예매했고 행사가 열리기를 고대했다.

행사가 열리는 날 저녁에 우리는 항구에 가서 요트를 탔다. 요트가 조명으로 화려하게 장식되어 있지 않은 것이 이상하다고 생각했지만 여전히 예뻐 보였다. 하지만 요트가 부두에서 멀어지고 웨이트리스가 크리스마스 노래 가사를 나눠주기 시작했을 때, 나는 내가 크리스마스 싱어롱 singalong 티켓을 샀다는 것을 깨달았다! 지금쯤이면 알아챘겠지만, 이 배는 캐롤을 부르는 배이지 캐롤십 퍼레이드에 참가하는 배가 아니었다.

우리는 싱어롱을 좋아하지 않기 때문에 음료수를 들고 꼭대기에 올라가 캐롤십 배의 불빛 대신 도시의 불빛을 바라보며 포옹을 했다. 생각했던 바는 아니었지만, 색다른 경험이었다!

'경험' 페르소나

이런 사람을 알고 있는가?

- 항상 책을 읽고, 팟캐스트를 듣고, 온라인 세미나에 참석하고, 새로운 기술과 취미 강의를 수강하는 사람.

- 도착 시 숙소를 예약하지 않고 건강 보험도 가입하지 않은 채 즉흥적으로 어디로든 가는 비행기에 탑승할 가능성이 높은 사람. 예방 주사를 맞고 비행기에 타야 하지만 사전에 계획을 세우는 법이 없어 완전히 놓친 적이 있다.
- 가족 모임에서 자신의 거친 일탈에 대한 이야기를 할 사람. 이야기를 꾸며내서라도 온 가족을 즐겁게 해줄 사람.
- 눈을 가린 채로 매우 독특한 여행지로 데려가는 것보다 더 좋은 데이트는 없다고 생각하는 사람. 앞으로도 몇 년 동안 추억하고 이야기할 경험을 하고 싶어 한다.
- 요리책에 있는 모든 레시피를 언제나 즉흥적으로 만들어내는 사람? 처음부터 자신만의 요리를 만들어낼 작정이 아닌 데도 말이다.
- 사무실에서 상사가 매달(또는 매주) 새로운 일을 시키지 않으면 하품을 하는 사람. 잠재적으로 그들은 획기적인 변화를 만들어내는 기업가일 수 있다.
- 생필품 쇼핑을 지루해 하는 자녀에게 쇼핑을 환상적인 경주로 느끼게 해주는 사람

창의적. 충동적. 미래 지향적 사고. 항상 배우는 자세. 변화를 주도. 보트 점핑〔움직이는 배 뒤에서 뛰어드는 소셜 미디어 챌린지〕. 경험 감정적 니즈에 의해 움직이는 사람들에 대해 말할 수 있는 것들이다. 이제 좀 더 자세히 살펴 볼까?

바하마로 이주해 작은 서핑 스쿨을 운영하며 파도를 쫓고 매일 저녁 석양을 바라보며 술잔을 기울이는 사람에 대해 들어 본 적이 있는가? 그는 또래의 다른 사람들이 부동산 담보 대출을 갚고 회사에서 승진하기 위해 바쁠 때 비수기의 휴식을 취하며 세계를 여행했다.

이 사람은 다른 무엇보다도 경험을 중요하게 생각한다. 그의 삶은 거칠고 재미있고 흥미롭고 아름다운 경험을 제공하기 위해 설정되었다. 탐험을 좋아하고 호기심으로 가득 차 있다. 바하마에서 서핑을 가르치거나 실리콘밸리에서 고객에게 새로운 경험을 제공함으로써 산업을 혁신하는 스타트업을 운영하는 이 사람을 만날 수 있다.

경험 감성 자석에 이끌리는 사람들은 호기심이 많고 현 상태에 대해 끊임없이 의문을 제기하며 항상 새로운 모험을 즐긴다. 인생이나 지역에 불어오는 거친 바람과 같은 이들이 곁에 있으면 지루할 틈이 거의 없다.

즉흥성을 견디지 못하는 사람에게 그들은 감당하기 힘든

존재가 되기도 한. 변화와 새로운 경험에 대한 끊임없는 욕구는 자신을 포함한 모든 사람을 벽에 부딪히게 할 수 있다. 그리고 주변을 헤집고 다니면서 잔해를 남길 수도 있다.

   한편 이들은 훌륭 테마의 디너 파티를 열거나 버진그룹을 설립한 리처드 브랜슨처럼 글로벌 기업을 설립하는 등 놀랍도록 창의적인 경험으로 주변 세상을 더 나은 곳으로 변화시키기도 한다. 경험 감정적 자석을 가진 사람이 있다면? 그들은 새로운 방식으로 엑셀 스프레드시트를 정리하거나 저녁 식사를 위한 새로운 요리를 고안하거나 가족을 위한 상상력 넘치는 경험을 만들거나 세트 디자인 작업을 하는 등 창의적인 영혼을 가진 사람들이다!

   당신이 바로 그런 사람인가? 혹은 지인 중에 그런 사람이 있는가?

'경험' 동기 요인

감정적 자석이 경험인 사람은 **호기심**, **진보**, **열정**과 **창조성**에 의해 움직일 것이다.

> **자신이 경험 감정적 자석을 지녔는지 확인해 보는 질문**
> - 왜? (모든 것에!)
> - 내가 시도하고, 배우고, 할 수 있는 새롭거나 다른 것은 무엇인가?
> - 어떻게 변화시킬 수 있을까?
> - 영향력을 발휘하기 위해 내가 할 수 있는 창의적인 일은 무엇인가?

호기심

- 호기심이 많고 호기심을 충족하려는 욕구가 있다.
- 배움에 항상 열려 있고 자신과 자신의 기술을 개선하고 개발할 방법을 지속적으로 찾는다.
- 새로운 사람들을 만나는 것을 즐기고 타고난 마당발이다. 상대방과 상대방의 의견에 대해 진정으로 호기심이 많기 때문에 어떤 주제에 대해 누구와도 활발하게 대화를 나눌 수 있다. 하지만 흥미롭고 빠르게 진행되는 대화에만 마음이 움직인다.
- 인생의 새로운 경험을 탐구하고자 하는 모험심이 강하다.

발전
- 변화를 즐기고 어떤 상황에도 적응력이 뛰어난다.
- 참신함과 독창성에 반응하고 발전을 좋아한다.

열정
- 행동으로 옮기려면 영감이 필요하고 사람, 직업 ,상황에 지속적으로 흥미를 느껴야만 지속할 수 있다.
- 이루고자 하는 꿈에 동기를 부여 받는다.
- 행동을 취하기 위해서는 낭만적이고 내면에서 끓어오르는 욕망을 느껴야 한다.
- 연애에 대한 열망이 평균보다 높은 편이며, 모험을 즐기는 성격이라면 모험적인 성적 경험도 원할 수 있다.

창의력
- 상상력은 놀이터이다.
- 새로운 가능성을 창조하고 상상하는 것을 좋아한다.
- 기억에 남는 순간을 만들고 공유하는 게 매우 중요하다.
- 창의적인 제안을 하거나, 독특한 관점을 제시하거나, 혁신적인 아이디어를 제안하는 것은 보통 당신이다.

'경험'의 걸림돌

경험에 의해 움직이는 사람들은 타고난 경향이 있고, 처리해야 할 몇 가지 흥미로운 걸림돌도 있다.

조바심
- 새로운 경험을 좋아하고, 그 경험이 이루어지려고 할 때에 조바심을 낼 수 있다.
- 다음 도전이나 기억할 만한 순간에 대한 열망으로 인해 현재에 집중하지 못할 수 있다.
- 금방 조바심을 내는 경우가 많고 진전이 보이지 않을 때에 특히 그렇다.
- 단조로움, 동일성, 일상에 쉽게 지치고 지루한 습관이나 일상을 피한다. 꼭 필요한 일조차도 조바심을 낼 수 있다.

충동성
- 결정을 내릴 때에 본능, 직관, 직감에 따르며 이는 실제의 직관보다 두려움이나 과거의 실패를 더 많이 반영한다. 그 때문에 부정적인 결과를 초래할 수 있다.

- 더 많은 생각과 조사, 또는 단지 무엇을 해야 하는지 깨닫기 위해 조용하게 명상하는 시간을 가지면 피할 수 있는 개척자적인 모험으로 때로는 혼란을 야기할 수도 있다.

산만함
- 계속 앞으로 나아가야 한다는 욕구 때문에 한 가지 일에 집중하지 못하거나 일을 끝내기도 전에 다른 일에 뛰어들게 되는 경우가 있다.
- 한 번에 너무 많은 일에 참여하여 압도당할 수도 있다.
- 어떤 경험이 더 이상 흥미롭지 않으면 지쳐서 그만두게 되어 장기적으로 얻을 수 있는 혜택을 잃을 수도 있다.

'경험'은 특정 상황에서 어떻게 행동하는가

자신과 다른 사람이 경험 지향적인지 알아볼 수 있는 몇 가지 다양한 시나리오를 살펴보겠다.

새로운 사람 만나기

다른 사람에 대한 호기심을 타고났고 새로운 것을 좋아하기 때문에 새로운 사람을 만나는 것은 이들의 강점 중 하나이다. 대화를 주도하고 다른 사람들과 쉽게 교류하는 경향이 있다. 하지만 이 강점은, 수줍음이 많은 편에 속하거나 어린 시절의 경험으로 인해 타인과 상호작용할 때 다소 자신감이 없다면 (또는 안전에 대한 욕구가 강하다면) 마음을 열고 호기심을 드러낼 수 있는 좀 더 개인적인 환경에서 빛을 발할 수 있다.

부탁 들어주기

누군가의 부탁을 받는 것을 새로운 경험을 만들고 다른 사람들에게 독특한 이야기를 들려줄 수 있는 방법으로 생각한다. 대부분의 경우, 부탁하는 사람의 기대치를 뛰어넘어 조금 더 특별한 경험을 선사하게 될 것이다.

여행 계획

여행에서 가능한 한 많은 경험을 하고 싶어 한다! 온천이나 박물관을 방문하거나 피크닉을 즐길 수 있는 장소를 찾는 등 여행을 더욱 특별하게 만들어줄 흥미로운 호텔이나 에어비앤비를 찾는 데 집중하고, 도중에 모험을 즐길 거리를 찾는 데도 신경을 쓴다. 또한 대화, 게임, 간식 등 차 안에서 보내는 시간을 최대한 활용할 수 있는 방법도 고려한다.

새로운 집 구입

집은 그곳에서 누릴 수 있는 경험에 관한 것이다. 조명은 알맞은가? 거실은 긴 하루를 보낸 후 휴식을 취하거나 손님을 접대하는 모습을 볼 수 있는 장소인가? 좋은 전망이 있는가? 아늑한 통나무집, 도시의 초호화 펜트하우스, 화려한 비치 하우스와 같이 특별한 느낌을 주는 집인가?

소셜 미디어 이용

소셜 미디어를 경험과 지식을 공유하는 플랫폼으로 생각하므로 소셜 미디어를 활용하는 경향이 있다. 긍정, 독특한 경험, 특별한 날, 창작물(예를 들어 예술 작품을 만드는 경우), 축하 메시지를 게시할 가능성이 높다. 일반적으로 팔로워의 댓글에 응답하며 참여를 유도하는 데 열심이다.

갑작스러운 손님 방문

집에 방문하는 이들에게 특별한 경험을 선사하고 싶지만 특별한 이벤트를 준비하거나 집을 멋지게 꾸밀 시간이 충분하지 않아 짜증이 날 수도 있다. 하지만 특별한 식사나 음료를 준비하고, 음악을 틀고, 촛불을 켜고, 게임을 하거나 도시 투어를 안내하는 등 게스트가 즐겁게 지낼 수 있는 모든 방법을 즉석으로 총동원해 기억에 남는 경험을 선사할 수 있다.

경험 감정적 자석의 작동 방식

이 책을 작업할 때 내 편집자인 마리아는 어렸을 때 자신과 아버지가 감정적 자석에 대해 알았더라면 좋았을 것이라고 말했다. 서로의 감정적 니즈에 대해 알았더라면 두 사람이 관계에서 겪은 고통과 아픔을 상당 부분 예방할 수 있었을 것이라고 말이다.

몇년 전, 마리아가 아버지에게 전화를 걸어 의사가 되기 위한 공부에서 방향을 바꾸어 영화감독이 되기 위한 훈련을 받겠다고 말했을 때 수화기 너머는 조용해졌다. 몇 주, 어쩌면 몇 달 동안 아버지는 마리아의 결정이 너무 불안해서 잠을 이루지 못했다. 그러고는 끊임없는 비판을 쏟아내기 시작했다.

"불안정한 직업이야. 생계를 유지하기가 어렵지. 네 미래를 버리는 거야. 그 모든 좋은 성적이 아무것도 아니게 되잖아. 대신 기자가 되는 건 고려해 보았니? 영화계는 경쟁이 너무 치열해. 성공할 확률이 천 분의 일에 불과해."

마리아는 결국 7개국을 누비며 살게 되었지만 딸의 안전과 경제적 안정을 바랐던 아버지에는 결코 좋은 일이 아니다.

대부분의 부모는 자녀가 안전하고 행복하며 안정된 삶을 살기를 원한다. 하지만 가치와 안전을 지향하는 부모에게 무엇보다 경험을 지향하는 딸이 있다면, 부모에게는 두려움의 대상이 될 수 있다. 불확실성, 낮은 급여, 불안정성, 위험성 등 모든 것이 압도적인 장애물처럼 보일 수 있다. 하지만 자녀의 원동력이 경험 감정적 자석인 경우 어떻게 해야 하는지 부모가 알고 있다면, 부모는 균열이 아닌 연결을 만들 수 있는 기회를 얻게 된다.

몇 년 후, 마리아는 자신이 경험에 의해 감정적으로 움직이고 아버지의 감정적 자석이 가치와 안전이라는 것을 깨닫고 아버지의 반응에 더 공감하게 되었다. 마침내 무엇이 아버지를 불안하게 하고 비판을 촉발했는지 이해하게 된 것이다. 오늘날 마리아는 아버지가 다른 접근 방식으로 말했더라면 좋았을 것이라고 아쉬워한다.

"네가 영화감독이 되고 싶어 하는 걸 이해하고, 네 결정을 지지할 것이다. 네가 엄청나게 재능 있는 예술가이자 댄서라는 걸 알아. 함께 좋은 학교를 알아보고 최상의 진로를 찾을 수 있는지 알아보자. 대학 졸업 후 할 수 있는 최상의 인턴십에는 어떤 것이 있을까? 그리고 프리랜서 감독으로 일하고 싶다면 그 사이에 어떤 일이 적합할까? 이를 위해 교육이 필요할까? 어떻게 하면 이 일을 할 수 있을까?"

마리아는 아버지와의 대화가 이런 식으로 진행되었다면 막다른 골목에서 몇 년을 헤매지 않고 자리를 잡을 수 있었을지도 모른다고 생각한다. 하지만 당시 마리아는 아버지가 자신의 선택에 왜 그렇게 불만을 품었는지 이해하지 못했다. 슬프게도 아버지가 자신을 있는 그대로 받아들이지 않는다고 느꼈다.

경험에 대한 마리아의 감정적 니즈는 종종 그의 삶을 망가뜨렸다. 그는 새로운 경험을 보자마자 그것을 시도하고 싶다는 충동을 느꼈다. 매번 새로운 경험을 할 수 있는 영화 제작이 바로 영화 제작을 선택한 이유이다. 그는 예술 작품을 만들고 싶었지만, 삶을 정확하게 포착하는 동시에 완전한 자유를 주는 예술 형식을 원했다.

경험 지향인은 변화, 학습, 새로운 경험에 대한 욕구가 충족되지 않으면 불행해질 수 있다. 이들에게 일상적인 업무를 시키며 폭발적으로 성장하기를 기대할 수 없다. 그들의 불꽃은 희미해지고 서서히 사라질 것이다. 하지만 가치, 안전, 성취를 더함으로써 새로운 경험을 할 수 있도록 도울 수는 있다.

이제 감정적 자석이 사람들에게서 어떻게 드러나는지, 그리고 어떤 요인이 감정적 자석을 끌어당기거나 끌어당기는지 이해하였으니 이를 이용해 자신의 관계에서 관계를 형성하거나 강화할 수 있다. 먼저 자신의 감정적 자석이 무엇인지 알아 보자!

돌아보기

경험 감정적 자석을 가진 사람을 무엇이 밀어내고 끌어당기는지 알게 되었으니 몇 가지 질문으로 이들을 떠올려 볼 수 있다.

- 혁신적이고 기억에 남는 연결 방법을 끊임없이 만들어내는 사람을 알고 있는가?
- 본인이나 지인이 항상 성장하고, 배우고, 삶을 최대한 즐길 수 있는 방법을 찾고 있는가?
- 사람들이 아이디어를 쏟아내어 놀랐거나 압도당한 적이 있는가?

PART III

자신의 감정적 자석 찾아보기

CHAPTER 7
■■■■
감정적 자석
평가 퀴즈

꽤 흥미롭지 않은가? 이 장에서는 당신이 자력을 지니도록 만들 것이다. 감정적 자석에 대해 다 읽어보았으니 이제 퀴즈를 풀고 자신의 자석을 찾아볼 차례이다!

  이 퀴즈를 통해 여러분은 자신의 메인 감정적 자석에 닿기 위해 어떤 결정을 내리는지 살펴볼 수 있다. 파트너, 동료, 가족, 친구에게 감정적 자석에 대한 개념을 제시할 때에도 유용하게 사용할 수 있다. 대부분의 사람들은 자신에 대해 알고 싶어 한다. 그렇지만 다른 사람에게 이러한 정보를 알려주는 것은 꺼린다. 소원한 관계일 경우에는 특히.

  우리 모두에게 그런 경험이 있지 않을까? 세상에 알리고 싶은 놀랍고 새로운 도구를 발견했지만 세상이 그다지 호의적이지 않았을 수 있다. 특히 사람들의 면전에 그것을 들이미는 것처럼 인식되는 경우 더욱 그렇다. 한 회사에서

30년 이상 근무중이고, 커뮤니케이션 수업이 필요하지 않다고 생각했던 빌을 기억하는가? 자신이 결점을 가졌거나 필요한 기준을 충족하지 못하기 때문에 워크숍에 참석해야 한다는 말을 듣는 것을 좋아하는 사람은 아무도 없다.

하지만 당신이 어떤 퀴즈에 답했는데 눈길을 사로잡을 만한 결과가 나왔다고 말하면 사람들은 호기심을 가진다. 그들은 스스로 알아보고 싶어 한다. 결국, 우리 대부분은 자신이 세상에서 가장 흥미롭고 중요한 존재라고 생각한다! 그리고 사람들이 퀴즈 결과를 받고 자신에 대해 인식하기 시작하면 감명을 받을 수밖에 없다. 그리하여 동료, 가족, 친구 사이에서 자신과의 관계 또는 자신의 역할을 개선하기 위해 더 많은 것을 배우고 싶다는 생각에 나머지 개념에 좀 더 열린 자세를 가지게 될 것이다. 중요하게 기억해야 할 점은 상대방이 도움이 필요하다고 느끼는 게 아니라 감정적 자석에 대해 호기심을 갖도록 만드는 것이다.

퀴즈를 풀게 할 수 없더라도 걱정하지 말자. 이 책에서는 누군가의 메인 감정적 자석이 무엇인지 알아낼 수 있는 단서를 제시한다. 이전 장에서 다양한 감정적 자석에 대한 종합적인 개념을 제공했고 거기엔 사람들의 언어와 행동에서 빠르고 올바른 방향을 찾아내는 데에 도움이 되는 단서도 있다. 수많은 사람들에게 이 방법을 가르쳐야 했던 내 경험에 비추어 볼 때, 이 과정은 복잡하거나 시간이 많이 걸리지 않는다.

이 퀴즈는 안전, 가치, 경험, 성취 중 어떤 것에 가장 끌리지 않는지를 알아내는 예상치 못한 보너스를 준다. 예를 들어 자신이 안전과 가치에 가장 큰 매력을 느끼지 못한다는 사실을 발견할 수 있다. 하지만 집을 구하는 중이라면 결정을 내리기 전에 안전과 가치에 가장 큰 영향을 받는 사람의 의견을 듣는 것이 도움이 되지 않을까? 그럴 가능성이 높다! 집이 훌륭한 경험을 제공하고 동네의 자랑거리가 될 수도 있지만(경험 및 성취), 튼튼하고 오래도록 사용할 수 있는 집인지(가치) 확인하고 싶을 수도 있다. 또한 직장과 가까운지, 유지 관리가 어떻게 되는지(안전) 등 다른 실용적인 측면도 고려하고 싶을 것이다.

나와 다른 감정적 자석을 가진 사람들에게서 많은 것을 배울 수 있다. 사람들과 어울려야 할 때는 성취, 여행할 때는 경험 자석을 가진 사람에게서 배우는 것도 나쁘지 않다. 나와 반대되는 감정적 자석을 가진 사람에게 도움을 요청하면 새롭고 유용한 아이디어, 과거에는 놓쳤을지도 모를 아이디어에 눈을 뜨는 데 도움이 될 수 있다. 또한, 자신에게 가장 이질적인 자석에 대해 알아 두면 해당 감정적 자석을 가진 사람들과 소통하는 데 도움이 된다.

자, 그럼 본론으로 들어가 볼까?

이제부터 나올 22개 객관식 질문에 답하라. 가장 공감이 가는 답변에 동그라미를 치거나 체크하면 된다. 원한다면 종이에 선택지(A, B, C, D)를 적을 수도 있다. 그런 다음 점수를 합산하고 나만의 감정적 자석을 발견할 준비를 하자!

1. 저축이나 수익 창출이 얼마나 중요한가?
    A 중요하다. 그것은 나에게 안정감을 준다.
    B 중요하다. 돈은 내가 원하고 필요한 것을 사는 데 도움이 된다.
    C 매우 중요하다! 나의 미래를 위해 저축하고 투자하는 것이 필수적이다.
    D 별로 중요하지 않다. 돈은 나에게 목적을 위한 수단이다. 나는 돈과 애증의 관계에 있다.

2. 하루를 시작할 때 주로 어떤 생각을 하는가?
    A 나의 건강, 현재 업무 상황, 그리고 일반적으로 오늘과삶을 더 쉽게 만드는 것.

B 오늘 입을 것, 오늘 먹을 것, 오늘 참석할 행사와 만나게 될 사람들. 또는 최근 소셜 미디어 게시물의 좋아요 수를 확인하거나 오늘 목표를 가장 잘 달성할 수 있는 방법을 생각해 보기도 한다.
　　C 돈을 절약하거나 더 많이 벌 수 있는 방법과 오늘 시간을 최적화할 수 있는 방법.
　　D 열정을 가진 프로젝트, 휴가 계획, 새로운 기술, 지금 배우고 있는 내용, 매우 기대되는 다가오는 이벤트.

3. 자신의 외모와 스타일을 어떻게 설명할 수 있는가?
　　A 나에게 어울리는 스타일이 있지만 아직 스타일을 만드는 중이다. 여유가 있거나 필요할 때 외모에 시간을 투자한다. 나이가 들면서 외모가 더 중요해지고 있다.
　　B 매우 스타일리시하거나 내 직업에 적합한 옷차림. 현재 유행하는 패션과 그루밍 트렌드를 잘 알고 있다. 내 옷장은 나에게 매우 중요하며 외모에 대한 칭찬을 받는 것을 좋아한다.
　　C 실용적이다. 나는 아침에 준비하는 데 시간이 오래 걸리지 않는다. 가진 옷에 만족하고 필요할 때만 새 옷을 구입하는 편이다.

D 스타일리시한 편이다. 내 옷차림은 괜찮다고 생각한다. 기분이나 원하는 경험에 맞게 옷을 입는 편이다. 남들과 비슷한 옷만 입지 않고 창의적인 옷을 입는 것을 좋아한다.

4. 의견을 제시하는 것에 대해 어떻게 생각하는가?
    A 의견을 요청받으면 의견을 제시할 것이다.
    B 나는 자주 의견을 제시하고 보통 사람들은 내 조언을 받아들인다.
    C 가치 있는 조언이라고 생각되면 의견을 공유한다.
    D 의견을 제시할 때는 그림을 그리거나 스토리를 만들어서 내 요점을 잘 전달하는 것을 좋아한다.

5. 오류나 실수를 했을 때 어떻게 대응하는가?
    A 실수를 바로잡고 같은 실수가 반복되지 않도록 노력한다.
    B 실수는 매우 드물지만 실수 하면 신속하게 수정한다.
    C 짜증 난다. 수정에는 시간과 에너지가 필요하다.
    D 문제를 해결하고 실수로부터 배울 수 있는 방법을 찾기 위해 노력한다.

6. 성공의 정의는 무엇인가?
   A 나의 삶 안에서 안정과 마음의 평화를 누리는 것이다.
   B 내가 원하는 것을 하고 원하는 바를 획득할 수 있는 선택권을 가지며, 내 기술에 대해 충분한 보수를 받고, 사람들이 내 노력을 인정하고 나를 존경하는 것이다.
   C 재정적으로 독립하고 미래 세대를 위한 유산을 만드는 것이다.
   D 사랑하고, 창조하고, 배울 수 있는 자유이다.

7. 얼마나 자주 새로운 경험을 시도하는가?
   A 거의 없다. 나는 보통 사랑하는 사람들과 떨어져 있는 것이 시간과 노력을 들일 만한 가치가 있다는 확신이 필요하다.
   B 가끔. 경험에 참여할 사람들을 잘 알고 좋아하는지, 경력이나 목표 달성에 도움이 될지, 공유할 만한 훌륭한 이야기가 될지 여부에 따라 다르다.
   C 가끔. 모든 세부 사항을 알아야 하고 시간과 비용 측면에서 이점을 따져봐야 한다.
   D 자주. 새로운 것을 배우고 시도하는 것을 즐긴다.

8. 다음 중 일상적으로 가장 걱정되는 시나리오는?
   A 질병 진단을 받거나 좋아하는 일을 할 수 없게 되는 것.
   B 업무, 기술 또는 외모에 대해 인정받지 못하거나 칭찬을 받지 못하는 경우.
   C 직장을 잃거나 생활비를 감당할 수 없을 때.
   D 외롭고 지루하며 모든 것이 똑같이 느껴지는 일상에 갇혀 있을 때.

9. 언제 다른 사람을 비판할 가능성이 가장 높은가?
   A 어떤 사람이 나를 힘들게 하거나 안전하지 않게 만들었을 때.
   B 상대방이 외모나 건강에 신경 쓰지 않거나 어리석은 행동을 할 때.
   C 다른 사람이 내 시간과 돈을 낭비할 때.
   D 새로운 경험을 시도하지 않을 때.

10. 노화에 대해 어떻게 생각하는가?
    A 건강하게 나이 들기 위해 건강을 유지하고 질병과 부상을 예비하기 위한 좋은 선택을 하려고 노력한다.
    B 나는 노화를 좋아하지 않기 때문에 몸과 전체적인 외

모를 관리하기 위해 최선을 다한다. 나는 젊어 보이거나 최소한 빛나는 모습을 유지하는 것을 선호한다!

C 노화는 삶의 일부이다. 중요한 것은 미래를 위한 유산을 만들기 위해 지금 무엇을 하느냐는 것이다.

D 노화는 내가 누구이며 다른 사람에게 어떤 영향을 미치는지를 나타내는 삶의 경험의 집합체라고 생각한다.

11. 다음 중 가족에 대한 자신의 감정을 가장 잘 설명하는 문장은 무엇인가?

A 내 가족과 우리의 생존보다 더 중요한 것은 없다.

B 나에게 가족과 지인의 의견은 매우 중요하다.

C 나는 가족을 부양하기 위해 열심히 일하기 때문에 가족은 현재와 미래에 필요한 것을 가지고 있다.

D 우리 가족은 완벽하지는 않지만 가족과 함께 시간을 보내고 우리의 특별한 순간을 축하하는 것을 즐긴다.

12. 변화에 대해 어떻게 생각하는지 가장 잘 설명하는 문장을 고르시오.

A 나는 변화를 좋아하지 않는다. 나는 안정과 구조를 좋아한다. 나는 일반적으로 어떤 변화가 좋은 생각이라

는 확신이 필요하다.

B 나는 변화가 나에게 직접적으로 어떤 이득이 될지 알 때만 변화에 동의할 것이다.

C 구체적인 목적이나 원하는 결과가 있고 시간이 걸리더라도 그만한 가치가 있다면 변화에 개의치 않는다.

D 시작하자! 나는 변화를 좋아한다. 변화를 통해 항상 신선하고 발전할 수 있으니까.

13. 휴가를 계획할 때 다음 중 가장 중요하게 고려하는 요소는 무엇인가?

A 위치. 어디에 있든 안전하다고 느끼고 소지품이 안전하게 보호되고 있다는 것을 알아야 한다.

B 좋은 후기. 이전에 다녀온 사람이나 내가 존경하는 동료들로부터 좋은 평가를 받은 여행지여야 한다.

C 비용. 예산 범위 내에 머물러야 하며, 투자한 금액(크든 작든)에 비해 뛰어난 가치를 기대한다.

D 즐길 거리. 여행 계획에는 훌륭한 호텔 편의 시설, 관광 및 이벤트가 포함되어야 한다.

14. 건강과 웰빙에 어느 정도의 우선순위를 두는가?
   A 최우선 순위이다. 건강 없이는 아무것도 할 수 없다.
   B 중요하다. 나는 건강해 보이고 건강하게 느끼길 바라며, 다른 사람들에게 몸매를 유지하는 방법을 보여줌으로써 모범을 보이고 싶다.
   C 더 높아야 한다. 건강이 최우선 순위가 되어야 한다는 것을 알지만, 건강에 집중할 시간을 내기가 어렵다.
   D 우선순위가 높지 않다. 가끔 디톡스를 하거나 스트레스를 해소해야 할 때 건강에 집중한다.

15. 다른 사람에게 감사를 표현하는 것에 대해 어떻게 생각하는가?
   A 누군가 나에게 필요한 것을 도와주거나 내 삶을 편하게 해주면 감사를 표현해야 한다고 느낀다.
   B 고마워할 만한 일에는 감사를 표한다. 요즘은 사람들이 나타나기만 해도 인정을 받는다!
   C 나는 시간, 돈을 절약하거나 어떤 식으로든 내 삶의 질을 향상시키는 데 도움을 준 사람들에게 감사한다.
   D 나는 기억에 남는 경험을 만들어 준 사람들에게 감사를 표하는 경향이 있다.

16. 근사한 밤 데이트를 만드는 것은 무엇인가?
    A 이미 알고 있는 레스토랑이나 바에 가면 좋은 경험을 할 수 있다. 예상치 못한 일이 생겨서 데이트를 망치고 싶지 않으니까.
    B 소셜 미디어, 다른 사람 또는 언론을 통해 들어본 적이 있는 트렌디한 장소, 특히 멋진 분위기를 제공하는 장소에 간다.
    C 합리적인 가격에 양질의 경험을 제공하는 곳.
    D 재미있고 모험적이거나 이전에 경험해보지 못한 것으로 약간의 스릴을 더할 수 있는 곳.

17. 직장이나 조직 내에서 목표를 달성한 후 어떤 보상을 받는 것을 좋아하는가?
    A 나는 내가 그룹에서 인정받는 구성원이고 조직 내에서 미래가 보장된다는 말을 듣는 것이 좋다. 급여가 인상되거나 퇴직금이 늘어나는 것도 나쁘지 않다.
    B 상을 받거나 내 노력을 인정받을 때 정말 좋다. 또한 금전적인 혜택과 환상적인 이벤트 및 전용 멤버십 클럽에 초대되는 것도 좋아.
    C 좋은 보너스나 급여 인상은 나에게 큰 힘이 된다.

D 내가 다른 사람들에게 어떤 영향을 미쳤는지 듣는 것이 좋다. 또한 여행, 재미있는 프로젝트, 주말 무료 휴가, 훌륭한 경력 개발 기회, 무료 스파 트리트먼트 등 일을 더 즐겁게 만들어주는 특전을 받는 것도 좋다.

18. 새로운 레스토랑을 이용할 때 가장 중요하게 생각하는 것은 무엇인가?
　　A 메뉴 옵션이 무엇인지 알고 미리 테이블을 예약할 수 있고 음식과 분위기가 좋다는 리뷰를 확인하는 것이 좋다. 내가 무엇을 이용하는 지 아는 것이 좋다.
　　B 나는 시내의 새로운 VIP 스팟, 독특하거나 고급스러운 경험을 제공하는 장소, 가급적이면 내가 존경하는 사람들이 추천한 장소를 탐험하는 것을 좋아한다.
　　C 메뉴와 분위기가 약속한 대로 제공되는 것을 좋아한다. 가격이 저렴하다면 괜찮지만 더 많은 비용을 지불한다면 고품질의 경험을 원한다. 받지 못한 서비스에 돈을 지불하는 것보다 더 나쁜 것은 없으니까.
　　D 새롭고 특이한 것을 시도하거나 훌륭한 분위기를 제공하는 장소에 가는 것을 좋아한다.

19. 직업을 선택할 때 가장 중요하게 여기는 것은 무엇인가?
   A 내 직업이 안전한 회사/업계에서 안정적인 경력을 쌓을 수 있는가.
   B 내 경력을 통해 도전을 극복하고 업계에서 리더가 될 수 있으며 내가 가장 잘하는 일에서 성취하고 인정받을 수 있는가.
   C 내 경력을 통해 성장하고, 수입을 늘리고, 후손에게 무언가를 남길 수 있는지 여부. 노력한 만큼 무언가를 돌려받을 수 있다는 것.
   D 내 경력이 내가 가장 원하는 경험을 제공하고 지속적인 창의성과 학습을 가능하게 할 것.

20. 루틴에 대해 어떻게 생각하는가?
   A 정말 좋다! 일이 쉬워지니까.
   B 삶에서 원하는 목표에 도달할 수만 있다면 상관없다.
   C 시간을 최적화하고 성장할 수 있는 효과적인 루틴이라면 감사하게 생각한다.
   D 특정 루틴이 있는 것은 상관없지만, 삶이 루틴으로 변하는 것은 싫어한다. 새로운 것을 경험하고 새로운 도전에 흥미를 느껴야 한다.

21. 어떤 일에 관심을 갖게 하는 가장 좋은 방법은 무엇인가?

    A 쉽고 안전하게 할 수 있으며 가족과 좋은 시간을 보낼 수 있다고 말해 주기.

    B 도전 과제로 제시하기.

    C 나에게 정확히 무엇이 필요하고 그 대가로 무엇을 얻을 수 있는지 보여 주기.

    D 재미있는 모험이 될 것이라고 말하기.

22. 동료들이 자선 기금 마련을 위한 지역 달리기에 등록하기로 결정하고 당신을 팀에 포함시키기로 한다면 이렇게 준비한다.

    A 발이 다치지 않도록 신발을 구입하고 심장마비가 오지 않도록 일부 구간은 조깅을 하며 돌발 상황이 발생하지 않도록 경로를 꼼꼼하게 조사한다.

    B 조깅 앱을 다운로드하고, 이전보다 더 건강해지기 위해 훈련하고 완주 목표 시간을 설정한다.

    C 최대한 빨리 건강해질 수 있는 가장 빠른 방법을 찾아내고 최소한의 시간을 투자하여 즐거운 경험을 한다.

D 대회 당일에 앞서 진행되는 트레이닝 워크에 자원봉사를 하거나 참여한다. 레이스 당일만큼이나 레이스에 참가하기까지의 여정도 나에게는 중요하다.

모든 질문에 답했으면 괄호 안에 각 답의 개수를 기록한다. 알파벳을 감정적 자석과 짝지어 보자. 가장 많은 답을 한 있는 카테고리가 자신의 메인 감정적 자석이 된다. 같은 원리로 두 번째로 높은 답 개수의 카테고리가 두 번째 감정적 자석이 된다.

A (   )   B (   )   C (   )   D (   )

A = 안전   B = 성취   C = 가치   D = 경험

결과가 나오면 자신의 메인 감정적 자석을 다룬 부분으로 돌아가서 다시 읽어보는 것이 좋다. 파트너나 좋은 관계를 만들고 싶은 다른 사람의 감정적 자석을 찾을 때도 똑같이 해보자.

퀴즈 결과로 알게 되는 것들

퀴즈를 통해 알게 된 사실에 수긍하는가? 자신에 대해 더 자세히 알게 되고, 감정적 니즈를 충족하는 방법과 장애물을 극복하는 방법에 대해 영감을 얻었는가?

새로운 경험을 선택하고 결정을 내릴 때 동기를 부여하는 요소와 마음가짐에 대해 더 많이 알게 되었다면, 감정적 자석이 인간관계에서 어떤 역할을 하는지 이해할 수 있을 것이다.

내 워크숍 참가자 중 한 명인 자라는 배우자인 아닐과 함께 감정적 자석에 대해 배웠을 때 있었던 일에 대해 공유했다. 자라는 8년간의 결혼 생활이 혼란스럽고 아닐과 더 잘 소통하기 위한 도움이 필요하여 감정적 자석 워크숍에 참여하기로 결정했다. 그와 아닐은 몇 년 동안 커뮤니케이션 문제를 겪어왔고 결혼 생활을 끝낼 지 고민하고 있었다.

워크숍 다음 날 저녁, 자라는 퀴즈 결과를 아닐에게 공유하고 퀴즈를 풀어보라고 권했다. 그는 아닐의 메인 감정적 자석이 성취라고 생각했다. 남편을 가장 잘 설명하는 프로필이라고 생각했기 때문이다. 그는 흠잡을 데 없이 옷을 잘 차려입고 목표 지향적인 사람으로, 커리어에서 큰 성공을 거둔 사람이었다. 놀랍게도 퀴즈 결과 아닐의 메인 감정적 자석은 가치이고 성취는 두 번째라고 밝혀졌다!

자라와 아닐은 아닐의 가치에 대한 끌림이 직장과 가정에서의 의사결정을 어떻게 지배했는지에 대해 이야기를 나눴다. 자라는 남편이 결혼 생활에서 왜 그런 선택을 했는지 이해하는 데 도움이 되었다고 설명했다. 자라의 메인 감정적 자석은 경험이기 때문에 서로 다른 감정적 니즈가 싸움을 부추겼다는 것은 의심의 여지가 없었다.

자라는 아닐의 두 가지 메인 감정적 자석, 특히 가치에 대해 알게 된 후 시간을 낭비했다고 느끼면 금방 화를 내는 그의 성격과 쇼핑할 때 가격이 할인된 제품을 구매하려는 끊임없는 요구를 이해하게 되었다. 이러한 이해를 바탕으로 자라는 아닐에 대해 더 많이 공감할 수 있게 되었고, 두 사람의 관계에서 더 깊은 수준의 소통을 기대할 수 있게 되었다.

우리는 종종 상대방이 나와 같은 것을 원하지 않거나 중요하게 생각하지 않을 때 거절당했다고 느끼거나 상대를 비판하기 쉽다. 연인관계의 두 사람의 주된 감정적 자석이 같은 경우는 드물기 때문에 서로의 필요를 충족하는 건강한 파트너십을 구축하기 위해서는 서로를 이해하고 소통하는 것이 중요하다. 서로의 감정적 자석을 존중하면 서로에 대한 존중이 깊어질 뿐만 아니라 의사 결정도 더 쉬워진다. 긴 한 주를 보낸 후 금요일 저녁에 무엇을 하고 싶은지 크리스에게 묻는다면 나는 그의 감정적 니즈가 안전과 관련된 것임을 알 수 있다. 나는 그가 집에 머물면서 신발을 벗고 소파에 쓰러져 강아지와 나에게 둘러싸이고 싶어 할 것이라는 것을 알고 있다.

    나는 새로운 경험을 즐기기에 계속 무엇인가를 제안한다. 단 금요일 밤에만 하는 것은 아니다! 새로운 것을 제안할 때, 예를 들어 처음 가는 레스토랑에 갈 때에는 크리스가 더 쉽게 결정하고 내 초대를 수락하도록 동기 부여에 도움이 될 정보를 수집하는 데 신경을 쓴다. 즉, 나는 결정을 내리는 것에 대해 크리스의 입장에서 생각한다.

    이를 염두에 두고 레스토랑의 위치와 주차가 얼마나 쉬운지 살펴본다. 다양한 음식 옵션과 메뉴 가격을 살펴본다. 테이블이 나길 기다릴 위험을 최소화하기 위해 예약을 할 수 있는지 확인한다. 온라인에서 품질에 대한 증거나 열렬한 팬들의 리뷰를 찾아본다. 이 정보를 크리스에게 공유하고 그의 결정을 기다린다.

그래도 그가 외출을 꺼리면 우리는 집에서 새로운 경험을 만들 수 있는 방법을 의논한다. 새로운 넷플릭스 시리즈 시청, 전에 해보지 않은 카드 게임, 새로운 요리를 함께 시도해 볼 수도 있다. 우리는 서로의 감정적 자석을 존중하고 의식적으로 타협하여 서로 즐거운 결정에 도달한다.

이 모든 것이 친밀한 관계에서는 좋지만, 방금 만난 사람의 감정적 자석을 어떻게 알아낼 수 있을까? 또는 상사처럼 퀴즈를 꼭 풀라고 할 수 없는 사람(더 나은 직장내 커뮤니케이션에 대해 배울 의향이 있는 사람은 물론 제외하고!)은?

다음 장에서는 상대방의 의사 결정 전략을 통해 메인 감정적 자석을 알아내는 방법과 서로가 서로에게 감정적 자석이 될 수 있도록 상호작용하는 방법을 알아본다! (힌트: 위의 크리스의 예시에서는 '안전'을 메인 감정적 자석으로 하는 사람에게 어필할 수 있는 메시지를 목표로 하는 방법을 정확히 보여준다!)

CHAPTER 8
■■■■
메인 감정적 자석을 파악하는 법

퀴즈를 풀고 나면 자신의 메인 감정적 자석을 발견하게 된다. 하지만 때로는 퀴즈 결과가 감정적 니즈에 대한 감정적 자석을 가리키고 또 다른 결과는 의사 결정 전략에 대한 감정적 자석 중 하나를 가리킬 수도 있어서 어떤 것이 메인 자석인지 확실하지 않을 수 있다.

    사람들 대부분은 실제로 모든 감정적 자석을 조금씩 가지고 있고 어떤 면에서는 모든 감정적 자석에 끌린다. 가치에 크게 공감하지 않을 수도 있지만 당연히 시간을 잘 보내고 투자에 대한 좋은 수익을 얻고 싶어한다. 다만 가치를 메인 감정적 자석으로 삼는 사람만큼 그런 생각을 많이 하지 않을 것이다. 어떤 사람은 감정적 자석의 균형이 다른 사람들보다 더 잘 맞는다. 그렇다고 해서 다른 감정적 자석보다 더 끌리는 감정적 자석이 하나도 없다는 뜻은 아니다. 다음 질문에 답해보며 감정적 자석을 더욱 선명히 파악해볼 수 있다.

- 인생에서 내린 결정에 어떤 패턴이 있는가? 커리어? 개인적인 삶? 살았던 집은?
- 감정적 자석 중 하나가 인생에서 중요한 주제의 일부를 형성하는 것 같은가?
- 감정적 자석의 단서와 신호(9장)에 나오는 프롬프트를 살펴보자. 어떤 언어적 신호가 여러분이 행동할 가능성을 더 높여주는가?

그래도 패턴을 찾을 수 없다면 소거 과정을 사용하자. 선택권이 주어진다면 가장 먼저 포기하고 싶은 감정적 자석은 무엇인가? 놀라운 경험, 높은 목표를 설정하고 달성하는 것, 안전하고 편안한 삶, 시간과 돈을 투자해 가치를 얻는 것 중 무엇을 포기하겠는가?

직장에서는 매우 주도적이지만(성취) 개인 생활에서는 안전에 더 열중할 수 있다. 또는 일반적으로는 경험을 추구하지만 직장에서는 가치에 더 기울어져 있을 수도 있다. 그러나 여전히 전반적으로 한두 가지 감정적 자석이 여러분의 삶을 이끌고 있다. 어떤 사람들은 자신을 움직이는 것이 직장에서 환영받지 못한다면 직장에서는 자신의 주된 감정적 자석을 숨길 수 있다. 또는 배우자나 가족을 불쾌하게 한다고 생각하면 집에서도 숨길 수 있다.

자신의 메인 감정적 자석을 발견하는 훌륭한 한 가지 방법은 이것이 의사 결정 방식에서 어떻게 나타나는지 살펴보는 것이다. 예를 들어, 경험을 주요 감성 자석으로 삼는 사람이 자발적이고 끊임없이 새로운 경험을 추구하는 것은 천성이다. 이들이 이윤을 추구하는 대기업에서 일한다면 가치 중심형 직원처럼 옷을 입고 행동할 수 있다. 하지만 가장 혁신적인 새 도구에 투표하거나 사무실에서 가장 많은 변화를 주도하는 사람을 지지할 것이다.

퀴즈 결과에 동의하지 않을 가능성은 항상 존재한다. 메인 감정적 자석을 드러내는 의사 결정 전략에 대해 이야기하기 전에 이러한 상황을 먼저 살펴 보겠다.

뜻밖의 메인 감정적 자석을 발견하면

자신의 메인 감정적 자석을 발견하는 데 어려움을 겪는 사람들은 일반적으로 두 가지 카테고리에 속한다.

- 라벨이 붙는 것을 원하지 않으며 자신을 독립적이고 지적이며 자유 의지가 있는 사상가로 인식하는 사람. 이 유형의 사람은 퀴즈가 제공하는 잠재적인 통찰력에 저항할 것이다.
- 자신의 주된 감정적 니즈를 부정하고 받아들이고 싶어하지 않는 사람

은행의 고위 임원인 일레인은 두 번째 경우에 해당되었다. 그는 퀴즈에 답하고 자신의 주요 자석이 성취라는 것을 알게 된 후 나에게 이메일로 피드백을 보냈다. 그는 성취 자석의 긍정적인 측면에는 동의했지만 부정적인 요소, 특히 의견을 공유해야 한다는 점에는 격렬하게 반대했다.

사실 우리 모두의 성격은 긍정적인 면과 부정적인 면을 모두 가지고 있다. 또한 우리는 감정적 니즈의 총합보다 더 큰 존재이다. 새로운 경험에 대한 필요, 시간과 돈을 현

명하게 투자하고 싶은 필요보다 더 많은 것이 있다. 성격의 복잡성은 우리를 만드는 요소이다. 솔직히 말해서 메인 감정적 자석이 무엇이든 상관없이 완전히 바보가 될 수도 있고 완전한 성인聖人이 될 수도 있다.

많은 사람들이 성취욕이 강한 사람은 자존심이 강하다고 생각한다. 그런 사람들도 있지만, 항상 그런 것은 아니며 자존심이 세다고 해서 좋은 사람이거나 나쁜 사람이 되는 것도 아니다. 목표 달성을 원하고 노력에 대한 인정을 받고자 하는 것이 반드시 자존심이 세다고는 할 수 없다. 자신이 하는 일에 대한 자부심: 맞다. 센 자존심: 항상 그런 것은 아니다. 성취형 사람들이 항상 더 많은 성공에 집착하는 것도 아니다. 그건 오해일 뿐이다. 성취를 메인 감정적 자석으로 삼는 다른 두 사람을 예로 들어 보겠다.

니아는 열심히 사는 개발자이다. 캐나다에서 가장 인기 있는 코딩 블로그의 자랑스러운 제작자이다. 교육의 미래를 바꿀 새로운 교육용 앱을 위한 코드를 만드는 것을 미션으로 삼고 있다. 외모에는 신경 쓰지 않지만 블로그 게시물에 아주 작은 실수라도 발견되면 심란해한다. 니아는 팔로워들의 인정과 칭찬을 좋아하며 훌륭한 콘텐츠를 제공해야 한다는 책임감을 진지하게 가지고 있다.

시마는 머리카락 한 올이라도 흐트러진 채로 사진에 찍히는 걸 두려워하는 말끔한 패션 블로거이다. 시마의 비즈니스는 패션이며 이를 진지하게 생각한다. 여가 시간에는 불우이웃을 위해 집을 짓고, 망치를 휘두르며 멋지게 보이려고 노력하지만 하루가 끝나면 여전히 엉망진창이다. 이런 상황에서도 시마는 외모보다 일이 더 중요하기 때문에 신경 쓰지 않는다.

우리 모두는 자신의 주요 감정적 자석과 관련된 강점과 약점뿐만 아니라 니즈도 가지고 있지만, 결국에는 다른 균형 잡힌 특성도 많이 가지고 있다. 메인 감정적 자석에 대해 마음에 들지 않는 부분이 있다면 바꿀 수 있다. 나폴레온 힐Napoleon Hill의 말[10]처럼 말이다.

> 자신의 마음을 알면 현자들처럼 현명해질 수 있다. 마음을 다스리면 인생도 다스릴 수 있다. 자신의 생각, 느낌, 감정, 욕구를 이해하면 이를 원하는 방향으로 이끌 수 있다. 지혜는 시간을 내어 자신을 연구하고 자신이 왜 그런 사람인지 아는 데서 나온다. 마음을 다스리는 것은 사려 깊고 성찰적이며 고독한 과정이다. 오직 나 자신만이 내 마음의 복잡한 내면을 이해할 수 있으며, 통찰력을 얻기 위해 필요한 시간과 노력을 기꺼이 투자할 수 있어야 한다.

내가 하고 싶은 말은, 퀴즈 결과가 뜻밖이라 놀랐다면 이제 자신이 어떤 것에 감정적으로 끌리고 어떤 동기를 부여하는지 좀 더 깊이 알아볼 때라는 것이다. 자신이 원하는 것이 무엇인지 모르는데 어떻게 그것을 얻을 수 있을까? 그리고 누군가가 인생에서 감정적으로 어떤 것에 끌리는지 이해하지 못한다면 어떻게 진정으로 사랑할 수 있을까? 상대방이 무엇을 필요로 하는지 알지 못하면 상대방이 필요로 하는 도움을 줄 수 없다.

안전 지향인에게 다른 계획은 세우지 않은 채 가방과 지도 하나만 챙겨서 여행을 떠나라고 한다고 상상해 보자. 그들은 그다지 좋아하지 않을 것이다. 결과적으로 '말도 안 되는 소리'라며 여러분의 빛나는 아이디어가 거절당할 수도 있다. 사람들이 겁을 먹거나 성취감을 느끼지 못하면 좋지 않은 반응을 보일 가능성이 높으며, 이는 갈등을 유발할 수 있다. 반면에 상대방의 감정적 니즈를 충족시키기 위해 소통하는 방법을 알면 마법이 일어난다. 새로운 경험을 잘 전달하면 파트너가 안정감을 느낄 수 있다.

퀴즈를 통해 자신의 메인 감정적 자석에 대해 의외의 사실을 알게 되었다면, 자신의 의사 결정 전략을 살펴 봄으로써 답에 더 가까이 다가갈 수 있다.

의사 결정 전략을 통해
메인 감정적 자석 파악하기

성공한 사업가이자 내 절친한 친구인 앨리슨은 최근 나에게 "나의 메인 감정적 자석, 즉 나를 끌어당겨 행동으로 옮기게 하는 것은 두 개인 것 같아."라고 말했다. "두 가지가 있다고 생각해? 어떤 거야?" 내가 물었다.

"경험과 가치"라고 그가 대답했다.

나는 앨리슨에게 최근에 내린 결정에 대해 이야기하고 그 결론에 도달하기까지의 사고 과정을 안내해 달라고 부탁했다.

앨리슨은 최근 초대받은 교외의 비즈니스 행사에 대해 이야기해 주었다. 가장 친한 친구 중 한 명이 기조연설을 할 예정이었는데, 앨리슨은 친구를 응원하고 자신의 업무에서 잠시 벗어나 시간을 보내고 싶었다. 이 행사는 집에서 차로 5시간 거리에 있는 오카나간 와인 지역의 중심부에 있는 수상 경력에 빛나는 리조트에서 열리고 있었다.

앨리슨은 평소와 같이 약속의 장단점을 따져보고 숙고 과정을 시작했다. 다른 연사들의 이름은 몰랐지만 친구가 행사에서 연설하는 것을 본 적이 없었기 때문에 친구를 응

원하고 프레젠테이션도 듣고 싶었다. 리조트의 숙박 및 식사 비용은 그가 생각했던 것보다 훨씬 비쌌지만 리조트가 외딴 곳이라 선택의 여지가 없었다. 이벤트는 토요일에 열릴 예정이었는데 이동 시간을 확보하고 이벤트에 참석하려면 금요일에 출발하여 일요일에 돌아와야 했다.

"계획을 수정하기 전까지는 이벤트의 비용 대비 효과가 긍정적이지 않았어."라고 앨리슨은 말했다. "나는 남편을 여행에 초대하기로 했어. 이틀 더 있으면서 행사가 끝난 후 와인 생산지를 함께 둘러보기로 했지. 이 지역에서 업무 미팅도 몇 차례 잡기로 했고. 이렇게 하면 여행 경비를 회사 경비로 처리할 수 있어."

"그럼 최종 결정을 내리기 전에 비용 대비 이익을 알아야 한다는 거야?" 내가 물었다.

"응." 앨리슨은 웃으며 대답했다.

나는 우리가 앨리슨의 메인 감정적 자석이 가치라는 것을 발견했다고 말했다. 그가 리조트에서의 잠재적인 경험과 친구의 연설 응원에 동기를 부여받은 것은 의심의 여지가 없다. 그러나 시간과 비용 측면에서 자신에게 미칠 영향을 평가한 후에야 결정을 내렸다. 여행을 장기 출장 및 와인 투어 모험으로 바꿨을 때 투자 수익에 만족했다. 아름다운 리조트에서 남편과 함께 보낸 미니 휴가와 비즈니스 미팅은 여행의 가치를 더했다.

더 많은 대화와 숙고 끝에 앨리슨은 가치가 자신의 주요 감정적 자석이라는 데 동의했다. "나는 항상 내 시간과 돈이 잘 쓰이고 있는지, 투자에 대한 수익을 얻고 있는지 알고 싶어. 내 시간이 가장 소중한 자원이라는 것을 알기 때문에 시간을 어떻게 쓸지 신경 써서 선택해. 와인 생산 지역에서 며칠을 보내기로 결정하고 나니 리조트까지 5시간이나 운전하는 것이 전혀 걱정되지 않았어. 노력에 대한 보상을 받을 수 있다는 것을 알았기 때문이야. 그리고 비용을 출장비로 처리할 수 있기 때문에 더욱 즐거운 경험을 할 수 있었어."

앨리슨의 의사 결정 전략이 자신의 주된 자석이 무엇인지 명확하게 반영하는 것을 볼 수 있다. 하지만 때로는 인생의 사건이 메인 자석을 불명확하게 만들 수 있다. 내 워크숍 수강생 중 한 명도 그랬다.

인생의 결정

하킴은 오랫동안 자신의 메인 감정적 자석이 무엇인지 궁금해했다. 그는 "나는 내게 성취와 안전이 가장 큰 동기가 되는 것을 알고 있다. 하지만 어느 것이 주된 동기인지 알기가 어렵다. 예전에는 성취였다고 확신했지만, 나이가 들고 부모님이 돌아가신 후로는 내 삶이 더 편해지도록 하는 데 더 집중하게 되는 것 같다."라고 말했다.

나는 하킴에게 삶이 '더 편해진다'는 것이 무슨 뜻인지 물었다. 그에게는 어떤 의미였을까? 그는 이렇게 대답했다. "나에겐 분명해. 변화는 적어지고 내 삶을 더 잘 통제할 수 있게 된 것 같아. 더 이상 사무실에서 열심히 일하거나 자신을 증명하는 것에 대해 걱정하지 않아. 나는 나의 일을 잘하는 것에 자부심을 느끼지만 부모님을 잃고 나니 내가 정말 신경 쓰는 것은 사랑하는 가족 뿐이야. 나는 가족 곁에서 최대한 오래 건강하게 지내고 싶고, 나에게 무슨 일이 생기면 가족들이 돌봐주었으면 좋겠어."

삶의 경험이 감정적 자석을 형성하므로 부모님을 잃는 깊은 상실감을 경험한 하킴이 사랑하는 사람들과 자신의 안녕에 대해 걱정하는 것은 놀라운 일이 아니다. 하킴과 대화를 나눈 후, 나는 하킴의 주요 감정적 자석은 안전이라는 결론을 내렸는데, 이는 이미 인생에서 상당한 성취를 이루었고 부모님을 잃은 상실감을 겪었기 때문이라고 생각했다.

한 가지 감정적 니즈가 충족되면 다른 방향으로 삶을 확장하려는 의지가 더 강해질 수 있다.

데이트 정하기

감정적 자석이 자주 드러나는 또 다른 예로는 데이트에서의 의사 결정이 있다.

틴더, 범블 또는 다른 온라인 데이트 사이트를 이용하고 있다면 프로필을 볼 때 어떤 점을 중요하게 생각하는가? 우리는 비키니 미녀/서퍼의 섹시한 사진을 넘어선 이야기를 하고 있다! 화면을 스와이프해서 넘기게 만드는 요인은 무엇인가? 누군가와 대화를 시작하고 나면, 어떤 점이 계속 관심을 끌게 만드는가?

어떤 사람들에게는 잠재적인 데이트 상대가 안정적인 삶을 살고 있다는 점이 흥미를 유발한다. 다른 사람들에게는 자신이 선택한 후보자가 거친 경험을 했거나 할 준비가 되어 있다는 사실일 것이다. 어떤 사람들은 자신이 선택한 상대가 재정적으로 안정되어 있고 '어리석은 일'에 인생을 낭비하지 않았는지 알고 싶어한다. 다른 데이트 상대를 찾는 사람들은 잠재적인 데이트 상대가 자신의 분야에서 성취를 이루었거나 칭찬을 받는 사람이라면 흥미를 느낀다.

데이트의 양상은 흥미롭다. 처음에 어떤 사람에게 끌린다고 해서 반드시 좋은 관계가 형성되는 것은 아니기 때문이다. 성취를 예로 들어보겠다. 많은 성공으로 인해 프로필이 매력적인 사람을 만났다고 가정해 보겠다. 만약 성취를 메인 감정적 자석으로 가지고 있다면, 그 사람의 성취가 당신을 끌어당길 가능성이 높다. 하지만 일단 데이트를 시작하고 친해졌다고 해도 상대방이 나를 한 인간으로서 인정하지 않고 관계 내에서 나의 노력을 인정하지 않는다면 결국 성취감을 느끼지 못할 것이다. 전남편과 나의 경우도 마찬가지였다. 그래서 공동 육아를 시도할 때 대립을 시작했다.

관계 결정

누군가가 매력적이라고 해서 그 관계가 당신의 필요를 충족시켜줄 것이라는 보장은 없다. 바로 이때 커뮤니케이션이 중요한 역할을 한다! 내 친구 엘리자베스가 들려준 이 이야기는 이 점을 완벽하게 설명하는 것 같다.

결혼 15년차가 되는 다니엘라와 마누엘은 최근 수년간의 다툼 끝에 헤어지기로 결정했다. 결혼 생활이 잘 풀리지 않는 이유를 묻자 다니엘라는 "남편이 너무 짜증나요.

우리는 더 이상 같은 것을 좋아하지 않아요. 우리는 공통점이 거의 없고, 남편과 결혼하면서 인생을 놓치고 있는 것 같아요. 같은 일을 하고, 같은 사람들을 만나고, 너무 뻔하고 지루해요."라고 대답했다.

마누엘은 왜 결혼 생활이 힘들었다고 생각하느냐는 질문에 "모르겠어요. 가슴이 아파요. 한동안 성생활이 좋지 않았고 사랑을 나누는 일도 거의 없었지만 우정은 돈독하고 서로를 여전히 존중해요. 쉰 살에 새로운 관계를 찾고 시작한다는 것은 상상할 수 없어요. 겁이 나죠. 나는 다니엘라를 행복하게 해줄 수 없는 것 같고, 우리 가족이 해체되어야 그가 더 즐거운 삶을 살 것 같아요."

이 대화를 통해 각자의 주요 감정적 자석이 무엇인지 파악할 수 있는가? 내가 보기에 다니엘라는 경험에, 마누엘은 안전에 끌린다는 것이 분명하다. 두 사람 사이에는 단단한 우정이 있는 것처럼 보이므로 마누엘이 다니엘라에게 더 많은 경험을 허용하고 다니엘라가 마누엘에게 안전감을 주기 위해 노력한다면 두 사람은 서로에 대한 열정과 삶에 다시 불을 붙일 수 있을 것이다. 하지만 지금 다니엘라는 마누엘이 자신이 원하는 경험을 제공하지 않아 속상해하고 있다. 마누엘은 다니엘라가 자신들이 함께 일군 가족을 소중히 여기지 않는 것 같아서 화가 난다. 두 사람 다 서로가 이기적으로 행동한다고 생각할 수 있다.

마누엘과 다니엘라가 서로의 감정적 니즈를 해결하는 방법을 알아낼 때까지 그들의 결혼 생활은 결국 이혼이나 영원한 불행의 길로 가고 있다. 그렇기 때문에 파트너가 의사 결정을 내리는 방식을 이해하는 것이 중요한다. 배우자의 의사 결정 과정을 살펴보면 배우자의 메인 감정적 자석을 쉽게 파악할 수 있다. 하지만 자신의 메인 감정적 자석이 무엇인지 알아내기 위해 자신을 살펴보는 것도 좋은 방법이다.

다음은 최근에 내린 몇 가지 결정을 살펴보고 이러한 결정을 바탕으로 의사 결정 프로세스를 분석하는 데 도움이 되는 연습 문제이다. 무엇이 여러분을 행동으로 옮기게 하는지, 무엇이 자신을 방해하거나 행동을 주저하게 만드는지 살펴보자.

1 최근 또는 과거에 내린 결정 중 기분이 좋았던 결정에 대해 생각해 보고 한 칸에 적어 보자. 인생에서 가장 행복했던 결정은 무엇인가?

2 다음으로, 기분이 나빴던 결정에 대해 생각해 보고 다른 칸에 적어 보자. 왜 기분이 나빴나?
3 이제 적어 놓은 결정들을 살펴보자. 행동에 옮기지 않은 가능성의 목록을 작성해 보자. 여기에는 함께 여행을 가자는 친구의 제안을 거절하거나, 취업 기회를 거절하거나, 신입 사원을 데려오지 않거나, 친구들과의 밤 외출을 거절하는 것 등이 포함될 수 있다. 거절하게 된 이유가 무엇인지 생각해 보자.
4 마지막으로, 소유, 경험, 관계 측면에서 여러분에게 중요한 것이 무엇인지 생각해 보자. 어떤 물건에 돈을 쓰거나 시간을 투자하거나 구매하지 않기로 결정하게 만드는 요인은 무엇인가?

여러분의 모든 경험이 산 것이 아니며, 인간관계 또한 구매하지 않을 것이라는 걸 안다. 하지만 인간관계에 투자하는 것은 사실이다. 어떤 사람에게는 시간과 에너지를 기꺼이 쏟게 만드는 무엇인가가 있다. 이는 금전적인 것이 아니더라도 투자에 해당한다.

나 또는 내 친구나 가족의 메인 감정적 자석이 무엇인지 알아내는 것은 생각만큼 까다롭지 않다. 의사 결정 과정을 풀어보면 어느 한 자석이 다른 자석보다 더 크게 작용할 것이다. 눈앞에 있는 단서와 신호에 주의를 기울이고 인식하는 게 중요하다. 이것이 바로 다음에 이야기할 내용이다.

CHAPTER 9

감정적 자석을 드러내는 단서와 신호

친한 사이에서는 상대가 원하는 것과 의사 결정 과정에서 드러나는 감정적 자석을 파악하면 보통 그 사람의 메인 감정적 자석이 무엇인지 알게 된다. 하지만 잘 모르는 사이라면? 퀴즈를 풀게 할 수 없다면 어떻게 해야 할까? 걱정할 필요 없다. 몇 가지 분명한 단서가 있으니 잘 살펴 보자.

의식해야 할 단서에는 두 가지 유형이 있다. 자신을 표현하는 방식을 포함한 말과 행동이다. 말로써 알려고 하면, 상대방이 어떤 표현을 사용하고 어떤 내용을 이야기하는지 주의 깊게 들어야 한다. 상대방이 자신의 메인 감정적 자석을 드러내는 이야기를 하지 않는다고 생각되면 우선순위와 가치관에 대해 생각하게 하는 개방형 질문을 해보자. 버킷 리스트, 꿈의 직업, 복권에 당첨되면 무엇을 할 것인지, 은퇴 시기와 장소 등이 개방형 질문에 해당된다.

이제 몇 가지 행동 단서를 살펴보자 이 자료는 각각의 감정적 자석 장에서 설명한 행동의 연장선상에 있다는 점을 기억해야 한다. 이 단서들이 익숙해질 때까지 충분히 숙지하고 기억하자!

행동 단서

내가 사람들의 감정적 자석을 인식하는 한 가지 방법은 각각의 특성을 가진 아바타 이미지를 만드는 것이다. 이렇게 하면 사람들의 개별적인 특징을 일일이 분류할 필요 없이 그들의 중요한 감정적 니즈만 기억하면 된다. 아바타로 생각하는 것이 좋은 이유다. 과장된 행동으로 아바타를 만화로 만들어 재미있고 기억에 남도록 만들 수 있다! 이제 새로운 사람들을 만날 때 안전, 성취, 가치, 경험 중 어떤 아바타를 가장 닮았는지 확인할 수 있다!

앞에서 짚은 바와 같이 어떤 사람들은 언뜻 보기에 특정 메인 감정적 자석을 지닌 것처럼 보이지만, 실제로는 다른 것에 움직이기도 한다. 그렇기 때문에 신중하게 라벨을 붙이는 것이 중요하다(뒤에서 자세히 설명하겠다). 하지만 언뜻 보이는 감성 자석도 그 사람이 어떤 사람인지 알 수 있는 중요한 지표가 될 수 있다.

예를 들어 어떤 행사에 참석했는데 연사 중 한 명이 완벽하게 자신을 드러내는 의상, 완벽한 헤어, 네일 등 매우 뛰어난 외모를 가졌다고 가정해 보자. 연설 중에 친분이 있는 유명인을 거론하고, 완벽한 인스타그램 계정을 보여주며, 여러 상을 받았다고 과시한다. 이들의 주된 감정적 자석이 성취감이라고 생각하지 않겠는가? 하지만 좀 더 자세히 들여다보면 이들은 전 세계를 여행하며 다양한 경험을 하고, 끊임없이 새로운 것을 배우고, 만나는 사람들과 지식을 공유하고 있다는 것을 알 수 있다. 공유한다는 것은 다른 사람들을 위한 경험을 만들고자 하는 그들의 감정적 니즈를 나타내며 여러분이 참석한 이벤트에 그들을 오게 한 이유이기도 하다. 다시 말해 이들의 주요 감성 자석은 경험이고, 보조 감성 자석은 성취이다.

다양한 행동을 살펴 보면 우리 대부분은 모든 감정적 니즈에 움직이지만, 한두 가지에 의해 더 많이 움직이는 경향이 있다는 점을 염두에 두는 것이 중요하다. 마찬가지로 감정적 자석에 규정된 특성이 모든 사람에게 적용되는 것은 아니라는 점을 아는 것도 중요하다.

예를 들어, 대부분의 안전을 지향하는 사람들은 외모나 옷장에 자신이 편안함을 느끼는 안전한 선택을 하는 경향이 있지만, 일부는 최신 트렌드에 열광한다. 군중 속에서 눈에 띄는 패션 트렌드는 아닐지라도 특정 룩, 심지어 터무니없는 룩 뒤에 안전이 숨어 있다고 생각하는 사람들도 있다. 단순히 패션을 좋아할 수도 있다! 우리는 모두 다르지만 일반적으로 한두 가지 감정적 자석이 우리 삶의 주도권을 쥐고 있으며, 이와 관련된 특성을 여러 가지 또는 모두 가지고 있는 경향이 있다.

'안전'의 행동 단서

- 자기 보호에 관심이 있고 자신이 좋아하는 일만 한다.
- 가능하면 더 쉽고 합리적인 방법으로 일을 하는 것을 선호한다. (케이블카를 탈 수 있는데 왜 산에 올라갈까?)
- 전문적이고 실용적인 기술에 능숙해지길 선택한다.
- 질병, 부상, 통증, 죽음에 대해 걱정한다.
- 피가 물보다 진하다는 사고방식을 가지고 있다(가족 및 친한 친구를 언급할 때).
- 불편하면 참을성이 바닥난다.
- 신앙/영성에 대해 강하게 느낀다.

- 젊음을 유지하기를 원하고 나이가 드는 것을 두려워한다.
- 수줍음이 많고, 조용하고, 친절하고, 예의 바르고, 내성적인 태도를 보인다.
- 필요 이상의 일을 하려면 인센티브가 필요하다.
- 상식을 바탕으로 의사 결정을 내린다.
- 단순하고 지속 가능한 생활에 매력을 느끼거나 생존주의적 성향이 있을 수 있다.
- 계획을 미리 알고 싶어 한다.
- 통제하는 것을 좋아한다.

'성취'의 행동 단서
- 꼼꼼하게 옷을 입고 공작새처럼 존재감을 드러낸다.
- 업적과 능력을 자랑한다(나는, 소유하고 있다, 했다, 가지고 있다 ……).
- 모든 것을 경쟁으로 해석한다.
- 인기와 신뢰받기를 원한다.
- 가족, 친구, 동료 및 고객에게 감사를 요구한다.
- 비판받는 것은 싫어하지만 농담으로 다른 사람을 비판하는 것을 좋아한다.

- 새로운 도전에 열정을 갖고 목표 설정을 즐긴다.
- 자신의 지위를 높이기 위해 신중하고 자주 친구를 선택한다.
- 유명인을 안다고 거론한다.
- 자주 과장한다.
- 가십을 즐긴다.
- 의견을 물었을 때 눈을 빛낸다.
- 자신이 옳다고 느껴야 한다.

'가치'의 행동 단서
- 노력에 대한 보상을 받는 것을 좋아한다
- 만족스러운 수입을 원한다
- 돈을 저축하거나, 벌거나, 얻는 데 집중한다.
- 돈/재산을 잃는 것을 두려워한다.
- 경제적 사고방식을 가지고 있다.
- 낭비를 싫어하고 효율을 좋아한다.
- 돈을 버는 가장 빠른 방법에 관심이 있다.
- 시간을 자주 확인한다.
- 좋은 품질을 높이 평가하고 이에 대한 개인적인 의견을 공유하는 것을 좋아한다.

- 판매와 저축에 관심이 많다.
- 시간을 보내는 방법에 대해 까다롭다.
- 전통적인 유산을 만들고 싶어한다.

'경험'의 행동 단서
- 호기심 충족 욕구가 있다
- 새로운 경험을 하고/나누고 싶은 열망이 있다.
- 단조로움, 동일성, 일상에 쉽게 지친다.
- 참신함과 독창성에 반응한다.
- 연애에 대해 평균보다 높은 열망을 보인다.
- 행동에 있어 개성을 추구한다.
- 타인의 이목을 끄는 감각이 있다.
- 자신을 나타내는 스타일을 개발한다.
- 쉽게 지루해한다.

사람들은 보통 상대방의 행동과 대화에서 사용하는 어휘를 통해 상대방의 메인 감정적 자석을 파악한다. 이제 그 단어들을 살펴보자.

어휘 단서

말에서 단서를 찾는 것은 처음에는 벅찰 수 있으며 특히 한 번에 모든 것을 해결하기로 결정한 경우에는 더욱 그렇다. 기억해야 할 것이 너무 많아서 고등학교 시절로 돌아가 새로운 언어를 배우거나 생물학 용어를 암기하는 것처럼 느껴질 수 있다. 기억하는 데 도움이 되도록 개별 특성보다 큰 개념의 관점에서 생각해 보자. 각 감성 자석과 관련된 특정 단어가 있긴 하지만, 그룹으로 생각하면 더 쉽게 기억할 수 있다.

예를 들어 경험이 메인 감정적 자석인 사람은 새로운 경험과 도전을 추구하고, 변화와 학습을 추구하며, 창의성을 좋아하고, 호기심이 매우 많은 경향이 있다. 이러한 간단한 특성을 기억해 두면 누군가가 이러한 특성을 나타낼 때마다 '알림'이 머릿속에 떠오를 것이다. 즉, 개별 단어를 기억할 필요 없이 그 단어가 연상시키는 전체적인 개념을 기억하면 된다. 누군가가 모험, 호기심, 배움에 대해 이야기한다면 이 사람이 경험에 관심이 많다는 것을 알려주는 알람이 울릴 것이다! 감성 자석의 언어 단서를 살펴보자.

안전

계획 / 안전한 / 손쉬운 / 가족 / 건강 / 실용적인 / 현명한 / 제어 / 환경 / 기술

성취

성공 / 결과 / 올바른 / 유일한 / 목표 / 수상 / 최고의 / 조언 / 승리

가치

매출 / 거래 / 효율적 / 시간 / 품질 / 낭비 / 돈 / 유산 / 증거 / 가치

경험

새로운 / 사랑 / 미래 / 변화 / 진행 / 다른 / 창조 / 유일한 / 영향 / 액션

이제 자력을 가진 커뮤니케이션을 하기 위해 감정적 자석 신호를 사용하는 방법을 살펴보자.

대화에서 감정적 자석 신호 만들기

배우는 자신의 큐 사인을 듣고 연기한다. 적절한 사람에게 적절한 신호를 사용하면, 즉 상대의 메인 감정적 자석을 겨냥하면 자력을 가진 커뮤니케이터가 된다. 사람들은 여러분이 말하는 내용에 주의를 기울이기 시작할 뿐만 아니라 여러분이 공유하는 메시지에 따라 행동하게 될 것이다. 결국, 상대방이 설거지를 하지 않는다면 설거지를 해줄 것인지 물어보는 것은 아무런 의미가 없다. 하지만 적절한 신호를 사용하면 상대방이 설거지를 할 가능성이 높아진다. 설거지를 하는 것은 무리일 수도 있다. 현실을 직시하자. 설거지는 세상에서 가장 지루한 일 중 하나니까. 게다가 6인 가족이라면 설거지할 그릇이 많을 수도 있다. 그렇다면 침대 정리와 같이 좀 더 현실적인 요청을 해야 할까?

농담은 그만 하고 진지하게 말해 보겠다. 대화 신호를 만들면 사람들이 쉽게 이해할 수 있는 방식으로 메시지를 전달하고, 전달하고자 했던 바를 행동으로 옮기도록 만드는 데 큰 도움이 된다. 그렇다면 이러한 신호를 어떻게 만들 수 있을까?

사람들의 메인 감정적 자석이 무엇인지 파악한다면 상

대적으로 쉽다. 연습이 필요하지만 시간이 지나면 자연스러워진다. 사람들의 주요 감성 자석이 무엇인지 알면 그들의 감정적 니즈를 알 수 있다. 그들이 하는 대부분의 행동에서 안전, 성취, 가치 또는 경험을 추구한다는 것을 안다. 이를 염두에 두고 특정 상황에서 사람들의 필요를 어떻게 충족시킬 수 있는지 스스로에게 물어볼 수 있다. 예를 들어 보겠다.

냉장고에 있는 우유가 떨어졌거나 상해서 파트너가 집에 가는 길에 우유를 사다 주기를 원한다. 파트너의 감정적 자석에 따라 어떤 시나리오가 전개될 수 있을까?

안전

안전 지향 파트너는 가능한 한 쉬운 방법으로 이 작업을 수행하려고 노력할 것이다. 가능한 한 복잡하지 않게 해야 한다. 가장 친숙하거나 출퇴근길 근처에 있는 편의점에 가라고 말하고, 이미 영업 여부를 확인했음을 알려주어야 한다. 가까운 곳에 유일하게 영업 중인 편의점이더라도 허름해 보이는 편의점에는 들어가지 않을 수 있으므로 제안하지 말라. 상한 우유를 마시지 않으려고 다른 곳을 찾을 것이 분명하니까!

성취

성취 지향 파트너는 호의를 베푼 것에 대해 아낌없는 칭찬을 원할 것이다. 또한 파트너가 좋아하는 유기농 식료품점에서 쇼핑할 때 유명인과 마주칠 수 있다고 제안하면 동기를 부여할 수 있다.

가치

가치 추구 파트너는 우유값을 온라인으로 이체해주겠다고 제안하면 고마워할 것이다. 외출에 시간을 낭비하거나 집으로 배달되기까지 더 오래 기다리지 않아도 된다고 설명하라.

경험

경험 중심 파트너는 새롭고 세련된 식료품점에 가서 색다른 쇼핑 경험과 무료 커피를 즐기고 싶어 할 것이다. 그리고 그곳에서 새로운 아이스크림 맛을 사달라고 하면 그날 저녁 영화를 보면서 특별한 경험을 할 수 있다.

이 장의 뒷부분에서는 파트너가 요청에 호의적으로 행동하도록 동기를 부여하는 데 도움이 되는 시나리오를 소개할 것이다. 하지만 그 전에 내 파트너인 크리스가 감정적 자석에 대한 지식을 활용하여 자신의 커뮤니케이션에 자력을 지니게 만드는 방법을 설명하기 위해 한 가지 이야기를 공유하겠다.

오래된 오토바이를 개조하는 것이 취미인 크리스는 어느 날 파우더 코팅 페인트 작업에 대해 전문가를 만나야 했다. 그는 업계에서 최고로 알려진 사람을 만나러 갔다. 그 사람은 작업을 해 주기로 동의했다.

오토바이를 받으러 온 크리스는 곧바로 몇 가지 결함을 발견했다. 그는 이를 지적했고, 전문가는 방어적인 자세를 취했다. 크리스는 상황을 한 단계 낮추면서도 결함 문제를 해결할 수 있는지 알아보기 위해 자신의 메시지를 자석처럼 만들기로 결정했다. 그의 행동과 말에서 단서와 단서를 포착한 크리스는 이 남성이 성취를 주요 자석으로 삼고 있다는 사실을 알아냈다.

크리스는 재빨리 전술을 바꾸어 말했다.

"선생님의 솜씨가 매우 좋다는 것을 알고 있어요. 작업수준이 정말 믿을 수 없을 정도네요. 이 오토바이를 다른 쇼에 가져가서 사람들에게 누가 작업했는 지 알릴 계획입니다.

오토바이를 정말 자랑하고 싶으니 시간을 좀 내서 고쳐 주시겠어요?"

당연히 수리가 완료되었다.

다양한 감성 자석에 메시지를 자성을 부여하는 방법은 다음과 같다. 확실하지 않다면 모두 사용해 보자!

안전

그 사람에게 추가 업무를 가져다 줄 것을 제안하고 가능한 한 쉽게 일을 처리할 수 있는 방법을 물어보자.

성취

그들의 기술과 재능을 인정하고 칭찬하자.

가치

소중한 시간을 내줘서 감사한다고 말하고 투자에 대한 수익을 얻을 수 있다는 점을 강조하라.

경험

함께 페인트칠을 한다면 맥주 한 팩을 가져오는 등, 가능한 한 환상적인 경험을 만들 수 있는 무언가를 추가하라.

이제 연습만 하면 된다! 누군가를 레스토랑에 데려가는 간단한 시나리오를 살펴 보자. 이 시나리오를 통해 각 감성 자석에 대한 단서를 만드는 프로세스에 대한 좋은 아이디어를 얻을 수 있을 것이다.

안전

안전에 끌리는 사람이라면 익숙한 장소이거나 적어도 메뉴에 익숙한 메뉴가 있는지 여부를 알고 싶어 할 것이다. 가급적이면 미리 메뉴를 살펴보고 싶어 한다. 또한 찾아가는 방법, 주차 공간 확보, 테이블 예약이 얼마나 쉬운지도 알고 싶어 한다. 간편한 복장 규정은 보너스이다.

메시지에 자력을 더할 문구
- 메뉴를 검토해 보니 당신이 정말 좋아할 만한 메뉴가 몇 가지 있다.
- 복장 규정은 따로 없으니 마음대로 입어도 된다.
- 주차하기 쉽다.
- 구글 지도에 따르면 도착하는 데 X분 밖에 걸리지 않을 것이다.
- 직접 볼 수 있도록 메뉴 링크를 보냈다.

- 오후 X시에 가면 줄을 서지 않고도 테이블을 잡을 수 있을 것이다.

성취

성취욕이 강한 사람은 일반적으로 직접 장소를 고르는 것을 좋아한다. 또한 유명하거나, 뉴스에 나올 만한 가치가 있거나, 특별함을 느낄 수 있는 VIP 경험을 제공하는 레스토랑을 좋아한다. 그들은 확실히 좋은 서비스를 기대한다. 인스타그램에 올릴 수 있는 경험을 원하며 복장도 신중하게 선택한다. 체험 후에는 친구들에게 자신의 경험에 대해 즐겁게 이야기할 것이다.

메시지에 자력을 더할 문구
- 이 레스토랑은 수상 경력이 있으며 훌륭한 평가를 받고 있다.
- 이 레스토랑은 항상 붐빈다고 한다.
- 유명인들도 자주 간다고 들었다.
- 외출 준비를 할 시간이 많이 있다.
- 이 레스토랑의 서비스는 대단하다고 한다.
- 레스토랑에서 사진도 찍을 수 있다.

- 인기가 많아서 줄을 서야 할지도 모르지만 기다릴 만한 가치가 있다고 한다.
- 메뉴는 독특하고 트렌디한 요리가 멋지게 담겨 있다.
- 이 지역 최고의 레스토랑이다.

가치

가치 중심적인 사람은 청구 금액이 얼마인지, 음식과 서비스의 품질은 어떤지 알고 싶어한다. 가급적이면 메뉴와 가격, 그리고 고객 리뷰를 보고 싶어 한다. 또한 누가 비용을 부담하는지도 알고 싶어한다.

메시지에 자력을 더할 문구
- 음식 평론가, 고객들로부터 긍정적인 평가를 받은 레스토랑이다.
- 메뉴의 가격대가 좋은 편이다.
- 기억에 남을 만한 특별한 날을 위해 이곳에 가자.
- 나눠서 내거나 내가 낼게.
- 수상 경력에 빛나는 레스토랑이다.
- 고객들로부터 최고로 뽑힌 레스토랑이다.

경험

경험을 메인 감정적 자석으로 삼는 사람은 항상 새로운 것을 발견하는 데 열중한다. 이들에게는 메뉴보다는 식사 경험이 더 중요하다(메뉴에 있는 메뉴가 독특한 메뉴나 한 번도 먹어본 적이 없는 메뉴 등 그 자체로 경험이 되는 경우가 아니라면). 또한 독특한 분위기와 테마가 있거나 인터랙티브 다이닝을 좋아한다.

메시지에 자력을 더할 문구
- 특별한 테이블을 예약해 두었다.
- 레스토랑이 재미있을 것 같다.
- 사람들은 그곳에서 좋은 시간을 보낸다더라.
- 흥미로운 옵션이 있는 독특한 메뉴가 있어요.
- 가족/사랑/우정을 기념하기 위해 특별한 새로운 장소를 골랐다.
- 이 레스토랑은 특별하고 테마가 있는 경험을 제공한다.
- 인터랙티브한 식사 경험이다.

다음으로, 감정적 자석에 따라 경청하고 행동하도록 동기를 부여하는 데 사용할 수 있는 조금 더 복잡한 시나리오와 대해 살펴보고자 한다.

시나리오 A

고민에 빠진 직원이 있다. 지난 2년간 경험이 적고 젊은 직원에게 밀려 승진 기회를 놓쳤기 때문이다. 그는 절차를 간소화하고 팀을 관리하는 데 매우 능숙하며, 좀 더 도전적인 역할을 맡고 싶어 한다. 오늘 직원 성과 검토 회의가 있는데, 상사에게 승진을 요청하고 싶어 한다. 승진 여부는 상사만이 결정할 수 있는 사항이다. 다음은 직원이 상사의 감정적 자석에 연결하기 위해 메시지를 표현할 수 있는 방법이다.

안전

"여러분의 업무 부담을 덜어드릴 수 있는 방법이 있을지, 어떻게 하면 내 전문 기술을 활용할 수 있을지, 내 책임을 확장하여 프로젝트에 더 많은 도움을 드릴 수 있을지 논의하고 싶다."

성취

"당신은 내 멘토이다. 저는 당신에게서 많은 것을 배웠다. 당신을 위해 더 열심히 일하고 내 역할을 확대할 수 있는 방법에 대해 논의하고 싶다."

가치

"비즈니스 성장과 비용 절감에 어떻게 더 기여할 수 있을지 논의하고 싶다."

경험

"새로운 프로세스와 표준을 만들고 구현하여 팀의 성장과 성공에 더 많은 동기를 부여하고 싶기 때문에 내 역할을 어떻게 확장할 수 있을지 논의하고 싶다."

시나리오 B

한 엄마가 퇴근 후 집에 돌아와 집안이 엉망이고 집안일이 되어 있지 않은 것을 발견한다. 10대 아들은 방에서 컴퓨터 게임에 몰두하고 있고 딸은 방에서 휴대폰을 들여다보고 있다. 어머니는 또 다른 다툼으로 번지지 않도록 하던 일을 멈추고 집안일을 끝내도록 요청해야 한다.

다음은 10대 자녀의 감정적 자석에 연결하여 자녀가 엄마의 요청에 귀기울이고 엄마가 부탁한 일을 할 수 있도록 메시지를 표현하는 방법이다:

안전
"저녁/주말 시간을 즐기려면……"

성취
"지난주에 방 청소 정말 잘했어. 이번주에도……"
"지난주에 네가 비디오 게임을 멈추고 나와 함께 시간을 보내주어서 정말 즐거웠어. 이번주에도……"

가치
"이번 주에 용돈을 받으려면……"

경험
"네가 방을 치우거나 비디오 게임을 그만두면 우리가 함께 X, Y, Z를 할 수 있어……"

시나리오 C

한 여성 무리가 여자들끼리 노는 밤에 한 친구를 초대한다. 이들은 시내에 있는 클럽에 갈 계획인데 그곳까지 꽤 먼 거리를 이동해야 한다. 그 친구는 최근 작은 마을에서 도시로 이사하여 이제 자신의 집에서 살고 있으며 예산에 매우 민감하다. 다음은 친구의 메인 감정적 자석과 연결하여 동기를 부여할 수 있는 방법이다.

안전

"전에도 가본 적이 있으니까 쉽게 올 수 있어. 우리 중 한 명이 태우러 갈 게. 몇 시에 준비되어?"

성취

"모두가 이 클럽에 대해 이야기하고 있어. 누구나 이 클럽에 가잖아."

가치

"그날 밤에 반값 행사를 하기도 하고, 시내에서 가장 핫한 장소 중 하나라는 점을 감안하면 이보다 더 좋은 조건은 없을 거야."

경험

"이 클럽은 정말 대단해. 3층으로 되어 있는데 층마다 음악이 다르고, 바텐더들도 멋져!"

보다시피, 감정적 자석을 만드는 것은 사람의 감정적 니즈가 무엇인지 염두에 두는 것이다. 항상 스스로에게 물어보자. 상대방이 이를 통해 무엇을 얻을 수 있을까? 아니면 감정적 니즈를 충족하도록 어떻게 도와줄 수 있을까? <u>내가</u> 원하는 것이 아니라 <u>상대방</u>이 원하는 것이 무엇인지 생각하기 시작하면 쉬워진다!

CHAPTER 10

감정적 자석을
활성화하는 4단계

우리는 사람들의 감정적 니즈를 충족시키기 위해 효과적으로 커뮤니케이션하는 방법을 배우지 못했다. 많은 사람들은 자신의 감정적 니즈가 무엇인지조차 인식하지 못할 때가 절반은 된다! 그 결과, 많은 사람들이 관계를 맺을 때 자신을 우선시한다. 우리는 자신이 원하는 것이 무엇인지 생각하지만, 정작 자신에게 감정적으로 필요한 것이 무엇인지 알지 못할 수도 있다. 우리는 상대가 무엇을 필요로 하는지 확실히 모를 수도 있고, 심지어 상대방 자신도 모르기 때문에 우리에게 말하지 못할 수도 있다. 상대방은 "나는 그저 친절과 정직함을 원할 뿐이야"와 같이 애매하거나 중립적인 말을 할 가능성이 훨씬 높다.

감정적 자석은 우리가 왜 특정 경험, 말, 행동에 끌리거나 거부감을 느끼는지 알려준다. 메인 감정적 자석을 인식하게 되면 더 나은 커뮤니케이션 방법과 자신과 다른 사람의 필요를 전달하는 방법을 배우게 된다. 사람들의 행동 이면에 숨어 있는 이유를 더 잘 이해하게 되어 자기 인식이 향상되고 타인에 대한 공감 능력이 높아진다.

이제 퀴즈 결과를 해석하는 방법과 자신을 포함한 사람들의 메인 감정적 자석이 무엇인지 알아내는 방법을 익혔으니, 이제 퍼즐의 모든 조각을 모아 자력을 만들어낼 차례다! 감정적 자력의 놀라운 느낌을 단 4단계만에 경험할 수 있다.

1단계: 자신의 감정적 자석을 정의하고 공유하기
2단계: 서로의 차이를 인정하고 신중하게 라벨링하기
3단계: 자신의 감정적 니즈 충족하기
4단계: 서로의 감정적 자석에 호소하기

1단계 :
자신의 감정적 자석을 정의하고 공유하기

메인 감정적 자석을 파악했다면, 이제 사랑하는 사람들과 공유하여 그들이 행복을 위해 감정적으로 필요한 것이 무엇인지 배울 수 있도록 할 차례다. 인생에서의 결정과 행동을 이끄는 원동력에 대한 호기심을 불러일으킨 책을 발견했다고 말하자. 배운 내용을 공유한 다음 퀴즈를 풀어보라고 해보자. 독서를 좋아하는 사람에게는 이 책을 함께 공유할 수도 있다. 책을 읽지 않는 사람이라면 온라인으로 퀴즈를 풀거나 오디오북을 다운로드하거나 웹에서 감정적 자석의 요약본을 읽어보도록 공유하면 된다.

자신의 감정적 니즈를 설명하고 상대방의 필요에 대해 알아보고 싶다는 의사를 분명히 밝히자! 상대방을 행복하게 해주고 싶다고 말하자. 상대방이 이미 당신 때문에 행복하다고 말한다면 퀴즈를 풀어서 나를 기쁘게 해 달라고 부탁해보자. 이렇게 하는 것이 당신을 더 행복하게 해 줄 것이며, 그렇게 해줘서 정말 고맙다고 말하라! 그들이 퀴즈를 좋아한다면 나의 웹사이트 SandyGerber.com에서 커뮤니케이션 블로커 평가 도구도 살펴보게 하자.

사람은 자신의 감정적 자석을 지워버릴 수 없기 때문에 삶의 모든 순간에서 자신과 다른 사람의 감정적 자석을 볼 수 있다. 좋은 소식은 감정적 자석을 사람들과 공유하고 나면, 이 지식이 여러분의 행동을 설명해 줄 수 있고 커뮤니케이션을 더욱 개방적이고 솔직하게 만들 수 있다는 것이다. 사람들은 여러분이 왜 그런 선택을 하는지 이해하게 될 것이다.

　상대방이 자신의 감정적 자석을 이해하고 관계를 개선하기 위해 퀴즈를 풀기를 바란다면 그가 퀴즈를 원하지 않는 것에 실망할 수도 있다. 시간을 갖게 하자. 커뮤니케이션에 자력을 더하면 테스트를 할 마음이 들도록 하는 게 더 쉬워질 것이다.

　상대가 나를 존중하고 나를 배려한다고 느끼면 상대방의 요청에 훨씬 더 기꺼이 동의하게 된다는 사실을 기억하자. 현재 관계가 어려운 시기를 겪고 있다면, 자신을 지키는 방식으로도 파트너의 감정적 니즈를 존중함으로써 관계를 도울 수 있다. 그것만으로도 전남편과 내가 그랬던 것처럼 관계의 역학 관계를 바꾸는 데 도움이 될 수 있다. 일단 그런 일이 일어나고 상대에게 자석과 같은 방식으로 아이디어를 제시할 수 있다면, 그는 테스트에 동의할 가능성이 훨씬 더 높다.

감정적 자석은 단순히 상대의 감정적 니즈를 충족시키거나 만족시키는 것 이상의 의미를 지닌다. 또한 상대가 이해할 수 있는 방식으로 사랑하고, 심기를 긁지 않으며, 관계의 긍정적인 측면을 발전시키는 데 집중하는 것이기도 하다.

이 세 가지를 실천하는 것만으로도 관계에 큰 변화를 가져올 수 있다. 물론, 자신의 욕구도 충족되어야 하는데, 이는 관계에서 즉각적으로 일어나지 않을 수도 있다. 하지만 시간을 두고 지켜 보자.

상황이 바뀌고 파트너가 관계를 개선할 의지가 있다면 다행이다. 그렇지 않다면 관계를 재고하거나 치료를 받아야 할 때일 수 있다. 나는 관계에서 해야 할 일과 하지 말아야 할 일을 말하려는 것은 아니다. 나는 관계 코치가 아니므로. 하지만 커뮤니케이션 코치로서 내가 말 할 수 있는 것은 커뮤니케이션 전략을 바꾸고 상대방의 감정적 니즈에 호소함으로써 훌륭한 관계를 만들고 발전시킬 수 있다는 것이다.

2단계 :
서로의 차이를 인정하고 신중하게 라벨링하기

행복한 관계의 핵심은 서로 보완하는 성격을 갖고 비슷한 목표와 꿈을 공유하며 서로 다른 감정적 니즈를 충족시킬 수 있는 아름다운 관계를 기꺼이 만들어가는 것이다.

우리는 종종 자신의 감정적 니즈를 충족시키기 위해 자신의 욕구에 대한 변명을 한다. 예를 들어, 직감과 감정(경험)이 이끄는 사람은 재앙으로 이어지더라도 마음을 따르라고 말할 수 있다. 논리와 계산(안전과 가치)이 이끄는 사람은 다른 사람과의 관계를 놓치더라도 감정에 휩쓸리지 않고 해결책을 생각하는 것이 중요하다고 말할 수 있다. 하지만 커뮤니케이션에 자력을 더할 수 있는 기회를 얻으려면 이러한 관계의 차이를 인정하는 것이 중요하다.

경험과 성취를 극도로 추구하는 사람(나처럼)은 안전과 가치를 추구하는 사람(크리스처럼)을 이해하고 수용하기 어려울 수 있고 그 반대의 경우도 마찬가지다. 내가 회오리바람처럼 휘몰아친다면 크리스는 조심스럽게 발걸음을 옮긴다. 내가 즉흥성을 추구한다면 그는 규칙성을 지향한다. 나는 경험을 만들고자 하지만 그는 한 푼이라도 절약이 되거나, 최소한 재미없을지도 모르는 것에 시간을 낭비하고 싶어하지 않는다. 시도해 보지 않은 일이나 재미있다는 다른 사람의 보증이 없는 일에는 도박을 하고 싶어하지 않는다.

경험 자석을 가진 사람이 재미나 용기로 여기는 것을 안전과 가치를 지향하는 사람은 어리석음으로 여긴다는 것을 알 수 있다. 그리고 안전과 가치를 추구하는 사람이 실용적이라고 생각하는 것을 경험이 있는 사람은 지루하거나 비겁하다고 생각한다.

이런 이유로 벌어지는 어리석은 논쟁을 쉽게 상상해 볼 수 있다.

예를 들어, 크리스와 나를 소프트웨어 프로그램에 비유한다면? 나는? 키노트keynote일까? 그렇다! 크리스? 당연히 엑셀Excel! 나는 훌륭한 사용자 환경과 고가의 멋진 맥Mac을 좋아하지만, 그는 기본적인 기능이더라도 큰 비용이 들지 않는 노트북, 즉 PC를 좋아한다.

PC와 Mac 어느 쪽이 더 나은지에 대한 논쟁을 들어본 적이 있는가? 분명한 것은 각각의 장단점(동기 부여)과 단점(걸림돌)이 존재한다는 사실이다.

'Get a Mac' 캠페인의 아이디어를 낸 TBW의 에이미디어 아츠 랩AMedia Arts Lab 직원들은 정말 천재들이다. 〈나는 Mac, 그는 PC〉 광고를 기억하는가? 이 광고는 경험과 성취를 추구하는 모든 사람에게 자성을 가져왔다! 이 광고는 심지어 안전(Mac에는 바이러스가 없다)에 대한 내용도 다루었다. 그리고 오픈 소스 소프트웨어와 경제적인 가격을 갖춘 PC는 전 세계에서 가장 인기 있는 운영 체제가 되었다. 감정적 자력 프로필이 크게 다르다면 PC와 Mac을 두고 논쟁을 벌이는 것은 어리석은 일이 될 수 있다.

다행히도 크리스와 나는 서로의 감정적 니즈를 지지하기로 의식적으로 결정했다. 나는 크리스가 엑셀에서 무엇을 보는지 알고 있다. 엑셀이 왜 좋은 프로그램인지, 무엇을 할 수 있는지 잘 알고 있다. 그리고 그는 키노트의 천재성을 이해한다(내가 하는 거 봤지? 난 천재야!). 자신은 숫자를 다루면서 혼돈을 질서정연하게 정리하는 것을 좋아하지만 내가 색상과 글꼴을 가지고 놀면서 사람들에게 멋진 경험을 선사하는 프레젠테이션을 만드는 것을 높이 평가한다.

크리스를 오래 만나왔지만 나는 지금도 크리스에게 큰 매력을 느낀다. 왜냐하면 그는 내가 가치 있다고 느끼는 데 필요한 경험을 제공함으로써 자신을 자석으로 바꾸기 때문이다. 반면에 나는 꼼꼼하게 연구한 모험 계획을 제시하여 그가 안전하다고 느끼게 하고 내가 생각하는 모든 것이 가치를 얻을 수 있다는 것을 보여 준다.

동시에 감정적 니즈에 이끌려 길을 잃었을 때 서로에게 솔직하게 말할 수 있다. 내가 너무 많은 일에 관여하거나 즉각적인 진전이 없어 모험을 포기하며 기권해 버리고 싶을 때, 크리스에게 이것이 논리적인 다음 단계인지 아니면 감정이 나를 지배하고 있는 것은 아닌지 물어볼 수 있다.

인생에는 다양한 길이 있음을 염두에 두고 다른 사람의 선택을 존중하는 동시에 서로에게서 배우는 법을 익혀야 한다. 크리스와 다른 생각과 행동을 하는 나 혼자로는 결코 만들 수 없었던 삶을 크리스와 함께 만들어 왔다. 그의 메인 감정적 자석은 내 삶에 긍정적으로 기여했다.

그렇다고 해서 내가 짜증낼 일이 없다는 뜻일까? 물론 아니다! 그는 내가 요리할 때 "화상 입지 않도록 조심해"라고 말하곤 한다. 내가 파스타를 한 번도 안 해본 것도 아닌데 말이다. 가끔은 소리를 지르고 싶기도 하다. 나는 어린애가 아니니까 가르치려 하지 말라고! 나 혼자 충분히 할 수 있어! 이럴 때마다 나는 크리스가 안전을 최우선으로 삼으며 내가 안전한지 확인하려는 사려 깊은 행동을 하는 중이라고 스스로에게 상기시켜야 한다.

    만약 내가 그의 감정적 자석을 이해하지 못했다면 내 요리 실력에 대한 그의 믿음 부족, 요리를 통해 그와 나누고 싶은 경험에 흥분하지 못하는 그의 모습에 쉽게 실망했을 것이다. 내 마음속에서는 그게 내가 하고 있는 일이니까. 내가 준비하는 요리는 미각을 위한 경험이 되어야 하고, 때로는 다른 주제와 관련된 경험도 포함되어야 한다.

    크리스와 나는 서로의 감정적 자석을 이해하고 받아들이기 때문에 서로를 보완한다. 나는 외향적인 성격으로 새로운 경험의 스릴을 추구하는 반면, 크리스는 내성적인 성격으로 일상에 익숙하다. 새로운 레스토랑에 가는 것과 같이 낯선 상황에 처했을 때 나는 좋은 식당 분위기, 흥미로운 새 메뉴, 더 나아가 노래하는 웨이터를 찾는다. 진심으로! 크리스는 메뉴판에서 햄버거를 발견하고, 리뷰로 가득 찬 아코디언 파일을 읽고, 대기줄이 없는지 미리 전화로 확인하고서야 집을 나선다. 분명히 우리는 서로 다른 것을 테이블에 가져온다. 하지만 서로를 보완하기 때문에 우리 둘에게 안전하고 즐거운 경험을 선사할 수 있다.

    내성적인 사람은 외향적인 사람에게, 충동적인 사람은 계획적인 사람에게, 아드레날린을 분출하는 사람은 꾸준한 사람에게, 모험을 즐기는 사람은 안정감을 추구하는 사람에게 끌리는 것처럼, 사람들은 자신의 지배적인 성향과 상반되는 보완적인 성향을 가진 사람에게 자주 끌리게 된다. 하지만 시간이 지나고 사랑의 빛이 바랜 후에는 이러한 특성이 더 이상 자신을 보완하는 것으로 보이지 않을 때가 있다. 대신 한때 사랑했던 성품에 부정적인 꼬리표를 붙이기 시작하기도 한다.

우리는 라벨을 붙이는 것을 좋아한다. 하지만 라벨링은 신중하게 해야 한다.

부정적인 라벨링이 가져올 수 있는 피해를 알고 있지만 사랑하는 사람에게 붙이는 라벨을 항상 의식하고 조심하는 것은 여전히 어렵다. (나는 이를 이혼으로 증명했다.) 우리 대부분은 고도로 발달된 비판적 라벨링 습관을 가지고 있으며 이는 번개처럼 빠르게 이뤄질 준비가 되어 있다.

주방에서 요리를 하고 있는 나에게 크리스가 조심하라고 주의를 주는 경우를 예로 들어보겠다. 나는 마음속으로 역겨운 표정을 지으며 "진심이야? 고마워요, 통제광!"이라고 혼잣말을 했다. 하지만 처음 만났을 때에는 크리스가 항상 나를 돌봐주는 모습이 너무 좋았다. 크리스에게 안전은 매우 중요하고 나를 보호하고 싶어하기 때문에 인간 보호

막처럼 나와 차 사이를 걸어 다니곤 했다. 크리스가 나에게 주방에서 조심하라고 당부하는 것은 자신과 사랑하는 사람들을 위한 안전에 대한 감정적 니즈에서 비롯된 것이다.

이럴 때일수록 나는 크리스의 메인 감정적 자석인 안전과 가치를 기억하고 감사해야 한다. 짜증나는 것은 그의 행동이 아니라 그에 대한 내 생각이라는 것을 알아야 한다. 나는 크리스의 배려심과 보호본능에 부정적인 라벨을 붙였다. 그는 통제광이 아니고, 때때로 무모하고 경험 중심적인 내 자아의 균형을 잡아주는 힘이 되어 준다.

모든 관계의 핵심은 서로의 감정적 자석을 인정하고 존중하는 것이다. 이렇게 하면 항상 자신과 파트너의 정서적 필요에 대해 솔직하게 소통하고 두 사람 모두에게 도움이 되는 결정을 함께 내릴 수 있다.

서로의 차이를 인정하고 신중하게 라벨을 붙일 때 더 나은 커뮤니케이션으로 향한 문이 열린다.

감정적 자석 때문에 사람들이 충돌할 때가 있다. 버킷리스트의 목표 중 하나가 보트를 구입하여 3년 동안 세계 일주를 하는 것이라면, 안전을 지향하는 파트너가 진정으로 그 목표에 참여할 지 물어볼 필요가 있다.

파트너가 여러분의 감정적 니즈를 인정하고 존중할 수

는 있지만, 그렇다고 해서 파트너의 성격이나 버킷리스트에 있는 항목이 바뀌지는 않는다. 관계 안에서 자신의 감정적 니즈를 충족하는 방법을 배워야 한다.

3단계:
자신의 감정적 니즈 충족하기

행복하기 위해 필요한 것이 무엇인지 이해하면 자신의 감정적 니즈를 충족시킬 방법을 찾을 수 있다. 예를 들어, 나는 '경험'을 메인 감정적 자석으로 삼으므로 내 개인적인 삶을 경험으로 바꾸기 위해 많은 일을 한다. 3주마다 내게 배달될 신선한 꽃다발을 예약 주문하고, 그 꽃다발에는 좋은 일을 계속할 수 있도록 응원하는 감동적인 메모를 함께 넣는다! 이상하게 들릴지 모르지만 나는 이 일을 즐긴다.

    내가 매달 하는 또 다른 일은 내가 견뎌왔거나(벽에 난 흠집 등), 하기 싫은 일(엉망인 서랍 정리), 에너지를 소모하는 일(처방전 청구서 제출)을 모두 '참을성 목록'에 적어두는 것이다. 그런 다음 목록에 있는 모든 작업을 완료하고 문제를 해결하는 것으로 하루를 마무리한다. 그 후에는 외식을 하거나 배달 음식을 시켜 먹으며 스스로에게 보상한다. 마라톤을 뛰는 것과 비슷하다. 레이스 전체를 즐기지는 못하더라도 결승선에 도착해 샴페인의 코르크를 따고 나면 확실히 기분이 좋아진다!

간단한 일이지만, 자신의 감정적 니즈를 충족하는 방법을 찾으면 스스로 성취감을 느낄 수 있고, 이것은 또한 당신의 파트너가 당신이 당신의 행복을 그들에게 항상 의지하고 있다는 좌절감을 느끼는 것을 방지할 수 있다. 자신의 주된 감정적 자석이 무엇이든, 다음과 같은 방법을 사용하면 작업을 더 쉽게 수행할 수 있도록 해 준다.

- 안전 지향인이라면 목록을 작성하고 생활을 간소화하는 시스템과 프로세스를 설정한다. 마음의 안정을 위해 예비 용품과 비상 장비를 비축해 둔다.
- 성취 추구형이라면 정해진 시간까지 작업을 완료하거나 어떤 결과를 달성하겠다는 목표를 설정한다. 작업을 진정한 성취로 바꾼다. 하기 싫은 일을 해냈을 때 인스타에 올릴 만한 사진을 찍거나 노력에 대한 보상을 받을 수 있는 물건을 구입한다.
- 가치 지향적이라면 작업을 완료하는 데 가장 효율적

인 방법을 정한다. 엑셀 시트를 만들어 도움을 받거나 작업 시간을 절약할 수 있는 앱을 다운로드하여 직접 작업을 수행했을 때 절감되는 비용을 계산해 본다.
- 경험 추구형이라면 작업을 완료함으로써 얻을 수 있는 변화와 진행 상황에 집중한다. 청소기를 돌리거나 바닥을 닦을 때 가구를 이리저리 옮겨 새롭게 정리된 방을 만들어 보자! 나중에 친구들과 저녁 모임을 예약하면 작업을 완료하는 동안 나중에 축하 행사를 즐기는 데 집중할 수 있다.

자신의 필요를 충족하는 것이 파트너의 필요를 충족하는 것과 어떻게 맞물릴 수 있는지를 말해 주는 사례를 소개하겠다.

나의 테드 코치 타니아가 남편과의 큰 다툼을 어떻게 해결했는지에 대해 이야기해 준 적이 있다. 부부는 함께 샤워를 하며 하루를 시작하는데, 하루를 시작하기에 괜찮은 방법이지 않은가? 샤워를 하면서 남편이 "2주 후에 큰 트랙 경주가 있는데 참가해보려고 생각 중이야"라고 말했다.

타니아가 외쳤다. "멋지네! 항상 하고 싶어했잖아. 완벽한 타이밍이야. 지금이 아니면 언제 하겠어?"

"응, 그때까지 내 차를 정비할 수 있을지 모르겠어."

남편이 혼잣말을 했다.

그때 비유적으로 말하자면 물이 갑자기 식었다.

"'내 차'라니 무슨 말이야? 정말 당신 차로 경주에 나갈 작정이야? 매일 출퇴근하는 데 필요한 차를? 레이스 중에 차에 무슨 일이 생기면 어쩌려고? 내 차를 사용해야 하고 나는 차 없이 집에 갇혀서 회의에 참석할 수 없게 될 것 아냐. 차를 수리하는 데 시간이 오래 걸리고 비용도 많이 들잖아."

잠시 한 발짝 물러나 살펴 보자.

타니아의 남편은 모험을 좋아하고 4.9초 만에 시속 0에서 60km까지 가속하는 재미있는 스포츠카를 가지고 있다. 타니아는 뒷좌석에 개를 태울 수 있는 공간이 있고, 연비와 안전 기록이 뛰어난 합리적인 4륜구동차량을 소유하고 있다. 이들의 감정적 자석을 맞힐 수 있을까? 맞힐 준비됐나? 남편의 감정적 자석은 경험이고, 타니아의 감정적 자석은 안전이다.

자, 다시 이야기로 돌아가면, 대화가 끝난 후 욕실 온도는 한 층 더 내려갔고 그들은 서둘러 욕실에서 나왔다. 그리고 나서 그들은 대화를 멈췄다.

두 사람이 차에 함께 앉아 있을 때 타니아는 전날 나와 함께 했던 세션, 특히 사람들의 감정적 자석과 소통하는 것에 대해 논의했던 부분을 떠올렸다. 그 자리에서 침묵 작전을 포기하고 대신 남편의 감정적 니즈에 호소하는 방식으로 남편과 대화하기로 결심했다.

"여보, 당신이 자동차 경주를 정말 하고 싶어하는 거 알아. 당신 차로 경주를 하면 더 좋은 경험이 될 거야. 나도 응원하고 싶어. 하지만 차에 문제가 생겼을 때를 대비한 계획을 세웠으면 좋겠어. 그래야 차가 없어도 출근을 걱정할 필요가 없으니까. 이에 대한 계획을 세울 수 있을까?"

타이나는 남편의 경험에 대한 필요를 이야기하고 자신의 안전에 대한 필요를 설명했다. 그들은 자동차를 정비해야 할 경우를 대비해 레이스 당일 이후 며칠 동안은 미팅을 하지 않고 남편의 차를 이용해 레이스에 참가할 수 있는 계획을 고안해냈다. 결국 두 사람 모두 감정적 니즈를 충족할 수 있었기 때문에 결과에 만족했다.

4단계:
서로의 감정적 자석에 호소하기

감정적 자석을 이해하면 화면 양쪽으로 스와이프해야 할 상대가 누구인지 알 수 있는지 궁금했는가. 그렇다면, 그런 식으로는 작동하지 않는다고 말해두고 싶다. 결국, 누구와 연결되든 서로의 정서적 필요를 기꺼이 도와줄 수 있어야 한다. 경험을 주된 정서적 자석으로 삼는 두 사람이 잘 어울릴 것이라고 생각할 수도 있지만, 두 사람은 완전히 다른 경험을 원할 수도 있다. 오히려 같은 목표를 공유하고 서로 잘 맞는 성격이 행복한 관계에 있어서는 같은 감정적 자석을 갖는 것보다 더 중요할 수도 있다. 서로의 감정적 니즈를 지지하고 그에 호소할 수 있기 때문이다.

다른 사람의 감정적 니즈를 기꺼이 지원하려는 의지가 여러분을 자석으로 만들어 준다. 상대방도 여러분을 지지한다면 여러분은 함께 자석이 된다!

관계에서 감정적 자석을 만들어내면 이 책의 서문에서 언급한 사랑의 열차에 올라타게 된다. 감정적 자석은 행복하거나 동기를 부여받기 위해 감정적으로 필요한 것이 무엇인지 이해하고 충족하는 상태이며, 사랑하는 사람들과 연결하기 위해 기꺼이 자신의 감정적 자석을 공유하는 것이다. 다른 사람의 감정적 니즈를 세심하게 배려하고 존중하며, 상대방이 당신의 말에 몰입할 수 있도록 호소한다.

처음 만났을 때 크리스는 매일 아침 내 감정적 자석에 호소하는 노래를 보냈다. 1년 반 동안 매일 아침 새로운 사랑의 경험에 눈을 떴다! 우리 관계는 내가 마침내 제대로 된 광산을 파서 금을 발견한 광부가 된 기분이 들게 했다! 그 변화는 놀라웠다. 그러나 여전히 크리스와 나는 완전히 다른 감정적 자석을 가지고 있다. 그렇기에 나는 감정적 자석 자체가 중요한 것이 아니라 감정적 자석을 다루는 방법이 중요하다는 것을 알고 있다.

나는 항상 미래를 기대하며 새로운 모험을 계획한다. 경험은 나의 메인 감정적 자석이기 때문이다. 나에게 모험은 종종 여행과 관련이 있다. 내가 가장 좋아하는 여행은 케냐와 인도에서 나의 두 아이와 함께 학교를 짓는 일이었다. 앞으로도 이런 경험을 더 많이 하고 싶어서 계속 여행할 계획이다! 여행은 제 정신에 활력을 불어넣고 나를 살아 숨 쉬게 한다.

안전과 가치를 추구하는 크리스에게는 이런 종류의 여행 경험은 매력적이지 않다. 그는 브리티시컬럼비아주, 특히 사랑하는 밴쿠버아일랜드에 머무는 것을 좋아한다. 해외 여행은 그를 불안하게 만들기 때문에 그는 세계 여행자가 되고 싶어하지 않는다. 나는 그와 함께 모험을 공유하고 싶기 때문에 60세가 되면 그리스와 아일랜드를 여행하기로 합의했다. 이를 통해 정신적, 재정적으로 준비할 시간을 가질 수 있다.

또한 집에서 가까운 곳에서 모험을 즐기면서 서로의 감정적 자석에 다가간다. 크리스 덕분에 지오캐싱[어떤 물건이 숨겨진 장소의 지리적 좌표를 받아 위성 위치확인 시스템(GPS)을 사용하여 찾는 일종의 보물찾기 게임]을 시작했고, 우리는 틈나는 대로 오지로 캠핑을 떠난다.

미니 체험의 예를 들자면, 캠핑할 때 내가 개발한 "불덩어리 얼굴 게임"이라는 게임을 소개하고자 한다. 규칙은 간단하다. 파이어볼 시나몬 위스키를 크게 한 모금 마시는 사람의 사진을 찍은 다음, 이 재미에 동참한 다른 사람들과 공유하는 것이다. 음료가 목구멍에 넘어갈 때 사람들의 충격적인 표정을 포착하는 것은 정말 재밌는 일이다. 우리 모두 알다시피, 1나노 초라는 순간이 사람을 완전히 다른 사람으로 보이게 만들 수 있다. 여권/신분증 사진은 이를 증명하는 최고의 증거이다.

내가 좋은 경험을 만들 수 있다는 것을 알게 되면서 크리스는 이런 종류의 모험에 더 잘 적응하고 흥미를 느낀다. 그리고 종종 새로운 게임을 개발하거나 테마가 있는 가족과의 줌Zoom 통화를 조직하는 것과 같은 작은 경험을 통해 내 경험에 대한 필요를 충족시킬 수 있다.

감정적 자석은 커플로서의 일상 생활에도 영향을 미친다. 나는 넷플릭스에서 영화를 고를 때는 임의의 단어나 검색어를 입력하고 나오는 대로 선택한다. 얼마 전에는 '성공'을 입력해서 〈더 시크릿〉을 보게 되었다. 하지만 '이탈리아어'를 입력해서 〈대부〉나 〈토스카나 태양 아래서〉를 시청한 적도 있다. 나는 모든 종류의 경험을 즐기고 새로운 것에 대한 스릴을 좋아한다.

반면에 크리스는 새로운 영화를 선택할 때 넷플릭스 알고리즘에게 올바른 방향으로 안내받는 것을 선호한다. 한번 마음에 드는 시리즈를 선택하면 어떤 내용인지 알기 때문에 더 많은 것을 보기 위해 다시 찾게 되니 그에게 텔레비전 시리즈는 황금과도 같다. 매번 새로운 프로그램을 선택해야 하는 불확실성을 없앨 수 있다!

상대방이 어떤 결정을 내리는지, 왜 그런 결정을 내리는지, 무엇이 그의 마음을 사로잡는지, 파트너의 감정적 니즈를 충족시키면서 나의 필요도 충족시킬 수 있는 방법은 무엇인지 파악하는 것이 중요하다.

무엇이 상대를 끌어당기고 밀어내는지 면밀히 관찰하는 것부터 시작하자. 상대방이 매력을 느끼는 것을 제공하면 자력을 갖게 된다. 그렇다고 해서 여러분의 성격을 바꾸라는 뜻은 전혀 아니다. 상대를 행복하게 하는 것, 즉 무엇이 상대를 만족시키는지 기억해 두었다가 두 사람에게 영향을 미치는 결정을 내릴 때 이를 염두에 두어야 한다는 뜻이다.

상대방이 즐기지 않을 경험을 강요하거나 불편하게 만드는 물건을 사도록 강요하지 말자. 안전, 성취, 가치 또는 경험에 대한 니즈에 호소할 때, 상대는 이해받고 있다고 느끼기 때문에 감정적으로 자성을 갖게 될 것이다.

이제 자력을 가진 커뮤니케이터가 되기 위해 알아야 할 모든 것을 읽었다. 이제 적용해 볼 차례이다.

감정적 자석의 렌즈를 통해 관계를 바라보기 시작하면, 가장 가까운 사람들은 물론이고 다른 모든 사람들과의 소통 방식을 조정하여 이전과는 전혀 다른 방식으로 이해하고, 친밀감을 형성하고, 문제를 해결하도록 방향을 전환하는 자신을 발견하게 될 것이다. 이 네 가지 단계를 사용하면 상황이 어떻게 달라질 수 있는지 지금도 놀라움이 멈추지 않는다.

사랑만으로도 충분할 수 있지만 효과적인 커뮤니케이션을 위해서는 다음과 같은 노력이 여전히 필요하다.

1단계: 자신의 감정적 자석을 정의하고 공유하기
2단계: 서로의 차이를 인정하고 신중하게 라벨링하기
3단계: 자신의 감정적 니즈 충족하기
4단계: 서로의 감정적 자석에 호소하기

며칠 전 일을 예로 들어 보겠다.

크리스와 나는 발생한 문제를 해결하기 위해 서로 소통해야 했다. 여러분이나 파트너가 무언가 귀찮은 일로 인해 심술궂게 행동하거나 짜증을 내거나 퉁명스러워지기 시작하는 때를 아는가? 그때는 서로가 만족할 수 있는 타협점이나 결론에 도달하기 위해 대화가 필요한 때라는 것을 깨달았다. 서로의 감정적 자석에 대해 알게 되면서 문을 쾅 닫고 조용히 대하는 등 격렬한 언쟁으로 번질 수 있었던 상황이 존중하는 대화로 바뀌는 그 순간이었다.

그 곤란한 순간이 왔을 때 나는 무엇이 크리스를 감정적으로 끌어당기는지, 무엇이 그를 충전시키는지 스스로에게 상기시켰다. 그 지식은 즉시 문제를 함께 이야기할 수 있는 더 많은 공감과 인내심을 주었다. 그 대화는 이렇게 진행되었다.

"자기야, 신경 쓰이는 게 있는데 얘기 좀 할 수 있을까?" 크리스가 물었다.

그가 나를 그렇게 부를 때면 항상 미소를 짓지만 심장 박동이 빨라지는 것을 느꼈다.

"물론이야, 무슨 일이야?"

"지금 당신이 얼마나 많은 일을 하고 있는지, 그리고 그 모든 것이 건강에 미칠 영향이 걱정돼."

그가 침착하게 말했다.

음, 그렇다. 서로의 감정적 자석을 알지 못했다면, 나는 방어적인 태도를 취하고 그는 나를 일 중독자로 낙인 찍어서 지저분한 논쟁에 불을 붙이는 상황으로 쉽게 확대될 수 있었을 것이다. 하지만 나는 그의 정서적 필요가 안전이고 내 건강을 진심으로 걱정하고 있다는 것을 알았기 때문에 그렇게 하지 않았다.

나는 침착하고 명확하게 대답했다.

"크리스, 당신이 걱정하는 건 이해하지만 그건 당연한

일이야. 나는 마감일을 맞추기 위해 주말에도 장시간 일하고 있어. 스트레스가 루프스를 악화시킬 수 있기 때문에 건강을 최우선으로 생각해야 한다는 것도 알고 있어. 좋은 생각이 있어. 이 프로젝트가 끝나면 몇 주 후에 카약 여행을 예약해서 일에서 벗어나 함께 시간을 보내는 것은 어떨까?"

크리스는 즉시 동참했다! "응, 정말 멋질 것 같아. 당신이 성취에 움직인다는 걸 전적으로 지지하니 최대한 빨리 프로젝트를 마무리하고 파도 속으로 놀러 가자고."

감정적 자석은 연애 관계에서만 효과적인 것이 아니다. 사교 모임에서 새로운 사람을 만나거나 의사와 대화를 나누는 등 사람들과의 모든 상호작용에서 커뮤니케이션 도구로 사용할 수 있다. 이 책에서 제공하는 도구는 업무 및 직업적 관계를 변화시키는 데에도 도움이 될 수 있다.

최근에 줌으로 화상 회의를 하고 있을 때 한 동료가 다른 동료들 앞에서 나에게 무례하게 군 적이 있다.

이 동료의 이런 행동을 경험한 것은 그때가 처음이 아니었다. 안타깝게도 내가 더 많은 업무를 완수할수록 그는 더욱 위협을 느끼는 것 같았다. 하지만 마음속으로 그 사람을 나쁜 사람으로 낙인찍거나 방어적이거나 짜증을 내는 대신(물론 유혹을 받았지만, 인정한다!), 그 사람의 감정적 자석을 감지하는 데 에너지를 집중하여 소통을 활성화하고 상호 존중하는 분위기를 조성할 수 있었다. 이 사람은 때때로 자신의 학업과 경력에 대해 자랑하곤 했는데, 항상 깔끔한 옷차림은 말할 것도 없고 문장 중간에 말을 끊는 등 전형적인 성취 감정적 자석의 특징을 갖고 있었다.

나는 사람들이 말을 멈출 때까지 기다렸다가 그의 성취 자석에 다가갔다. "있잖아요, 좋은 지적을 하신 것 같아요." 상대방은 놀란 표정을 짓고 미소를 지으며 의자에 다시 앉았고, 우리는 계속해서 존중하고 생산적인 회의를 이어갔다. 내 감정적 니즈도 충족되었고 상대방의 욕구도 충족되었다. 나는 상대방의 감정적 자석을 겨냥한 발언으로 상대방의 부정적 감정을 차단했고, 그 결과 우리가 자석처럼 연결될 수 있는 공간이 열렸다.

오늘날 내가 사람들을 훨씬 더 수용적으로 대할 수 있게 된 것은 사람들이 감정적으로 무엇을 필요로 하는지, 그리고 그러한 필요와 어떻게 연결되는지 이해하는 법을 배웠기 때문이라고 말하며 이 책을 시작했다. 사람들의 감정적 니즈를 해결해 주면 사람들이 당신의 말을 경청하고 이해받게 될 뿐만 아니라 사람들이 진정으로 원하는 것이 무엇인지, 그리고 그것을 어떻게 전달할 수 있는지도 이해할 수 있게 된다. 그리고 더 긍정적이고 강력한 관계를 맺을수록 더 많은 관계를 육성하고 구할 가능성을 가질 수 있으며, 결국에는 이 세상에 더 많은 선의와 사랑을 만들어 낼 수 있다.

감사의 말

우리 가족은 둥근 테이블에 둘러앉아 각자가 가장 감사한 일을 공유하는 감사 게임을 합니다. 이 게임을 시작한 장본인인 제가 이 책의 놀라운 여정에서 저를 도와준 사람들에게 감사하는 지면을 따로 마련하는 것은 당연합니다.

인생의 한 부분을 감사에 할애할 것을 모든이에게 강력히 제안합니다. 주변 사람들에게 감사하는 이유를 적는 것만으로도 주변 사람들과의 관계가 더 좋아질 수 있을 것입니다. 감사 게임을 시작하기 위해 이 책을 제작하는 데 도움을 주신 분들께 감사의 잔을 들고 싶습니다.

먼저, 사랑하는 크리스 케이시(안전, 가치)에게. 당신은 내 파트너이자 내 인생의 사랑으로, 있는 그대로의 나를 사랑해 줍니다. 동시에 내 헛소리에 나를 꾸짖어 주기도 하죠! 당신은 이 모든 여정을 함께 걸어왔고, 특히 밤늦게까지 일하느라 지친 나에게 아침마다 침대에서 일어날 수 있도록 용기를 북돋아 준 것에 대해 특별히 감사하고 있습니다. "샌디, 사람들은 오늘 당신이 변화를 일으킬 거라고 믿고 있어."라고 말하곤 했죠. 물론 나의 감정적 니즈인 성취와 경험에 직접 커뮤니케이션했기 때문에 성공적이었습니다. 당신이 없었다면 내가 얼만큼 가졌는지 얼만큼 사랑받는 지 배우지 못했을 것입니다. 내가 원하는만큼 다른 사람들과 나누고, 도움을 주고 싶어지지 않았을 것입니다. 당신을 사랑하고 우리를 사랑합니다.

내 아이들, 린제이(경험)와 잭(가치)에게도 고마움을 전해야 합니다.

린제이. 넌 싸우는 부모 사이에서 자랐음에도 불구하고(어쩌면 그 때문에) 강하고 똑똑하며 직관력이 뛰어나구나. 인생에서 할 수 있는 모든 것을 경험하고자 하는 탐구는 어렸을 때부터 시작되었고, 앞으로도 계속 성장하면서 자신과 다른 사람들의 삶에 어떤 영향을 미칠지 기대가 된단다. 너는 항상 나와 내 목표를 지지해 주었고, 내 원고 전체를 가장 먼저 읽고 코스를 완료해 준 사람이야. 고마워.

잭. 나의 '잭 인 더 박스(뚜껑을 열면 인형 등이 튀어 나오는 장난감 상자)'. 6주 일찍 세상에 나온 너는 내 마음을 사로잡았어. 넌 내가 아는 사람 중 가장 고집센 사람이라 키울 때에 좀 골치 아프기도 했지만 어른이 되어서도 잘 해낼 수 있는 바탕이 될 거야. 항상 내 목표와 성취를 지지해주시고 격려의 말을 아끼지 않아 주어 고맙다. 그 말들이 정말 힘이 되었어. 고마워.

캐시 브라즈닉(안전)에게 감사합니다. 내 반쪽. 7분 차이 쌍둥이 자매인 네가 없었다면 나는 지금처럼 사람들과 커뮤니케이션하는 방법을 배울 수 없었을 거야. 언제나, 놀이터 같은 곳에서도 나를 격려해 주었잖아! 이보다 더 훌륭하고 열정적인 치어리더를 만날 수 없었을 거야. 항상 내가 포기하지 않도록 내 일이 다른 사람들에게 얼마나 중요한지 항상 상기시켜 주었어. 너는 최초로 감정적 자석을 이해하고 자신의 삶에 적용한 사람 중 한 명이야. 훌륭한 연구 사례가 되었어. 또한 킥킥 웃는 것만으로도 나를 눈물이 날 정도로 웃길 수 있는 유일한 사람이기도 하지! 매일 응원해 주어서 고마워.

언니 앤지 루드비히(성취와 가치)에게도 감사합니다. 언니는 내가 한 부모이자 사업가로서 힘들어할 때 나를 웃게 해주고 도와준 사람입니다. 믿을 수 없을 정도로 책임감 있고 베풀 줄 알며 관대합니다. 내 시상식에 참석하기 위해 비행기를 타고 전국을 날아다니는 사람이 또 누가 있겠어요? 언니는 매일 감사함을 느끼게 하는 보물입니다!

가족 중 또 다른 코미디언인 내 동생 스콧 윌스(가치)에게 건배! 항상 나를 웃게 해 주고 놀리면서 내가 삶에서 더 많은 것을 할 수 있도록 격려해줘서 고마워. 남매란 또 무엇일까? 너의 사랑, 지지, 창의성, 우정이 바로 현실 남매다.

다른 어머니에게서 태어나 형제자매가 된 크리스, 짐, 쇼나. 여러분은 우리 가족에게 놀라운 존재이고, 감사하고 있습니다.

크리스(안전). 당신의 사고방식은 전략적이고, 호기심 많은 성격과 내 업무에 대해 기꺼이 질문하는 자세는 정말 감사한 일입니다. 전염성이 있는 웃음은 보너스죠!

짐(안전). 당신의 친절과 지원, 침착함은 나에게 비타민 같은 존재랍니다. 30년 넘게 내 언니를 사랑해 왔다는 사실만으로도 당신은 슈퍼스타입니다!

쇼나(안전). 당신은 똑똑하고 집중력이 뛰어나며 나를 지지해 줘요. 나의 추진력과 멀티태스킹 능력에 놀라움을 표하며 문자를 보내주셔서 감사합니다. 정말 필요할 때 문자가 왔어요. 정말 고마워요!

저녁 식사 자리에서 샌디 이모의 호기심 많은 질문을 참아 주고, 장보기를 재미있게 할 수 있는 창의적인 방법을 생각해내고, 가족 화상 통화를 재미있게 만들고, 대상 게임을 마라톤으로 만들어 준 경이로운 조카들 에이미, 매튜, 로스, 티, 쥴스, 맥스에게 감사합니다. 조카바보 이모가!

페이지와 매트는 그들의 아버지와 내가 공유하는 사랑을 격려해주고 지원과 사랑을 보내 줍니다. 감사합니다.

변함없는 창의력의 소유자이며 이 프로젝트에 대한 지원을 아끼지 않는 스토리 에디터 마리아 몽고메리(경험)에게도 정말 감사합니다. 자신의 삶에 감정적 자석을 적용했고, 내가 독자와의 약속을 이행하는 과정에서 길을 잃고 헤매고 있을 때 용기를 내어 조언해 주었습니다. 다음 책을 함께 작업할 날을 손꼽아 기다립니다!

　나의 가장 소중한 친구 중 한 명인 앨리슨 존스(성취와 가치)에게 특별히 감사합니다. 그는 감정적 자석 기법을 개발하도록 격려해 주었습니다. 공인 임상 상담사로서 앨리슨의 지원은 제게 직업적으로 큰 의미가 있었습니다. 내가 이 개념을 공유한 최초의 전문가이며 심리학적 관점에서 이 개념을 지지해 주었어요! 이를 통해 더 많은 사람들에게 그 가치를 확인시켜 주었습니다. 특히 지저분한 이혼 기간 동안 그리고 동료 기업가로서 보여준 지속적인 우정, 사랑, 지성, 지원에 정말 감사드립니다.

　지난 10년간 내 멘티이자 친구가 되어준 알리스 브랜(성취와 경험). 나는 당신에게서 많은 것을 배웠습니다! 당신은 저와 함께 브랜드를 만들었고, 항상 나를 지지해 주었으며, 심지어 몇 년 전에 내가 이 책의 한 부분을 쓸 수 있도록 가족의 호수 오두막을 빌려주었습니다(네, 정말 오랜 시간이 걸렸어요!).

　내 첫 번째 직원이자 좋은 친구인 샐러린 포르타(성취와 가치)에게도 고마워요. 당신은 10년 전 나의 첫 번째 감정적 자석 수강생 중 한 명이었다. 어느 월요일 아침, 나는 감정적 자석을 발견한 기쁨에 들뜬 마음으로 사무실에 들어섰고, 자신의 감정적 자석을 발견한 당신의 열정이 내 발견을 전 세계와 공유할 수 있는 길을 열어주었습니다. 그 점에 대해 항상 감사하게 생각합니다.

　나의 훌륭한 테드 코치인 타니아 에만(안전과 가치)에게도 감사의 인사를 전합니다. 내 메시지를 세상에 전할 수 있도록 도와주신 코치님의 헌신과 창의성, 지원에 정말 감사드립니다. 이 여정에 함께 해주신 당신은 진심으로 축복입니다. 제가 힘들어할 때 인내할 수 있도록 격려해 주셔서 정말 고마웠습니다.

수년 동안 나의 많은 고객과 충성스러운 샌디 거버 브랜드 챔피언들에게도 감사드립니다. 제임스 뉴먼, 페이 케이시, 새라와 자넷 오슬러, 트레이시 테임즈, 앨리슨 크로포드, 산드라 지, 수넘 카우어, 브랜든 시호타, 브라이언 플래너건, 조디 맥길브레이, 돈 폴라드, 레이첼 타막, 조던 워싱턴, 미셸 소어가롤리, 조앤 라우저, 리 자일스, 셸리 린 휴즈, 폴라 스카퍼, 나의 첫 남편. 정말이지 나의 첫 남편이자 소셜 미디어 전도사였던 그에게 진심으로 감사드립니다. 당신의 추천, 지지, 좋아요, 공유, 댓글은 감정적 자석의 힘에 대한 인식이 높아지는 데 직접적으로 기여했습니다.

밥에게. 내가 자아를 발견하는 데 있어 당신이 해준 역할에 대해 정말 감사하게 생각합니다. 우리의 실패한 관계와 당신과 함께 건강한 방식으로 공동 양육자가 되고자 하는 열망이 내가 이 여정을 시작하게 된 계기가 되었어요. 다른 많은 이혼부부들이 이 책을 읽고 전 배우자로부터 얼마나 가치 없는 존재로 여겨졌는지 깨닫게 되리라 믿습니다. 우리의 여정 덕분에 그들도 우리가 그랬던 것처럼 치유하고 앞으로 나아갈 수 있을 것입니다. 그리고 무엇보다도 선물 같은 우리 아이들에게도 고마워요.

제 멘토들이 모두 직접 만난 사람들은 아니지만, 제가 오늘 이 자리에 서게 된 것은 그들의 노력 덕분이기 때문에 여전히 그들에게 감사하고 싶습니다. 그분들이 없었다면 지금 독자 당신과 공유하고 있는 지식은 결코 얻지 못했을 것입니다.

먼저 로이 간이 있습니다. 내 삶과 대인관계를 변화시킨 책을 집필해 주셔서 진심으로 감사드립니다. 내 감사를 말로 다 표현할 수 없습니다. 진짜 당신을 찾을 수 없어서 유감입니다. 이 글을 읽으셨다면 연락주세요!

피터 레게 선생님. 내 기업가 경력 초기에 겸손이라는 귀중한 교훈을 가르쳐 주셨어요. 또한 성공으로 가는 지름길은 없다는 것도 가르쳐 주셨죠.

제가 처음 읽은 자기계발서를 집필한 웨인 다이어 선생님께도 큰 감사를 드립니다. 의지의 진정한 힘을 배웠습니다. 힘든 일이 있을 때마다 격려의 말씀과 목소리가 아직도 내 마음속에 울려 퍼집니다.

존 맥스웰, 커뮤니케이션 전문가이자 영감을 주는 리더이며 진정성 있는 사람입니다. 그리고 네, 진정성에는 가치가 있습니다. 진정한 가치 말입니다. (죄송합니다, 말장난을 참을 수 없어서)

작가이자 현자인 파나슈 데사이에게 감사드립니다. 지난 2년 동안 매일 아침저녁으로 당신의 책《소울 시그니처 발견하기 *Discovering Your Soul Signature*》를 읽었습니다. 이 책은 내가 마음을 다잡고 세상에 기여하는 일에 집중하는 데 도움이 되었습니다.

이 책을 세상에 내놓을 수 있도록 도와준 페이지투 출판에 깊은 감사를 드립니다. 첫날부터 감정적 자력에 대한 리더십과 전문성, 지속적인 열정을 보여준 제시 핀켈스타인에게 감사합니다. 재능 있는 편집자 사라 브로먼에게도 감사합니다. 자신의 관계에서 감정적 자석의 힘을 직접 경험한 당신은 내 원고에 깊이 파고들어 모든 단어, 문장, 구조, 전환을 검토하여 최고의 책이 될 수 있도록 노력해 주었습니다.

제 책 테스터인 메건과 카사라에게, 내가 글을 다듬는 데 도움이 되는 피드백을 제공해 주셔서 감사합니다!

마지막으로, 이 책을 읽어 주신 독자님께 진심으로 감사의 마음을 전합니다. 마침내 제 경험을 공개하고 다른 사람들에게 도움이 되는 것을 보고 기분이 어떤지 말로 표현할 수 없습니다. 이 책을 읽은 경험과 이 책이 당신의 삶과 관계에 미친 영향에 대해 알고 싶습니다.

저와 연결되어 여러분의 주요 감정적 자석은 물론, 당신의 삶과 관계에서 감정적 자석을 사용한 생각, 경험, 결과를 공유해 주세요. 자신과 다른 사람들의 감정적 자석을 발견함으로써 주변 사람들과 원하는 관계를 형성할 수 있기를 바랍니다. 이로써 여러분의 자력과 마법은 계속 커질 것입니다.

더 읽을거리

이 책을 읽다 보면 제가 칭찬의 말과 함께 추천한 다양한 리소스를 만나게 될 것입니다(이메일로 감사 인사를 전하거나 꽃을 사주셔도 좋답니다). 아래에 그 목록을 정리해 두었으니 책 전체를 훑어보지 않아도 됩니다. 추천자료를 하나 찾기 위해 책 전체를 훑어보는 것은 골치 아픈 일이라는 것을 우리 모두 알고 있습니다. 사실 너무 귀찮아서 아예 건너뛸 수도 있습니다. 아이들을 데리러 가야 하거나, 새로운 넷플릭스 시리즈를 몰아보거나, 화장실에 물이 새는 등의 이유로요.

제가 추천하는 추가 읽을거리도 넣었습니다. 제 웹사이트에서 감정적 자력을 경험하는 데 도움이 되는 추가 리소스를 찾을 수 있습니다.

먼저, 제가 직접 만든 자료입니다. 감정정 자력에 대해 계속 배우고 연습할 수 있는 방법은 여러 가지가 있습니다. 감정적 자력

커뮤니케이션 e-코스에 등록하고 웹사이트 SandyGerber.com에서 온라인 버전의 감정적 자석 퀴즈를 풀어 보세요. 또한 이 사이트에서 감정적 자석 북클럽 키트, 예정된 워크숍, 강연 이벤트도 확인할 수 있습니다. 어떤 사람들에게는 감정적 자석 퀴즈가 온라인에서 더 쉽게 풀릴 수 있으며, 커뮤니케이션 블로커를 인쇄하면 더 쉽게 접근할 수 있다. 사이트의 Tools 섹션에서 유용한 추가 리소스를 확인할 수 있습니다.

이제 책으로 넘어갑니다! 당연한 것부터 시작하죠. 로이 간의 《감정적 호소의 놀라운 힘》입니다. 이 책은 제가 책을 쓰게 된 계기가 되었으며, 아무리 칭찬해도 지나치지 않습니다. 저는 로이 간에게서 배운 많은 정보를 해석했지만, 직접 책을 읽고 평가해 보시기를 적극 추천합니다. 안타깝게도 로이 간의 책은 절판되었으므로 온라인이나 도서관에서 찾아보시기 바랍니다.

제가 가장 좋아하는 커뮤니케이션 멘토 중 한 명은 존 맥스웰입니다. 그가 없었다면 저는 지금의 자리에 있지 못했을 것입니다. 그의 모든 책이 훌륭하지만 《인간관계 맺는 기술》은 여전히 제가 가장 즐겨 읽는 책이다.

자기개발 및 커뮤니케이션 분야에서 제가 가장 좋아하는 또 다른 사람은 웨인 다이어입니다. 고인의 명복을 빕니다. 회의실에서 일어난, 전남편에게 접근하는 방법에 대한 유레카의 순간을 기억하시나요? "보는 방식을 바꾸면 보이는 모습도 바뀐다."는 다이어의 말에서 다소 격려를 받았죠. 제가 가장 좋아하는 다이

어의 책은 《의도의 힘 *The Power of Intention*》, 《세상에 마음 주지 마라 *The Shift*》 그리고 그의 동화책 《경이로운 너 *Incredible You*》입니다.

자신과 주변 사람들에게 사랑이 어떤 의미인지 이해하고 싶다면 게리 채프먼Gary Chapman의 《5가지 사랑의 언어 *The 5 Love Languages*》를 읽어 봅시다.

티핑 포인트에 도달하기 전에 가 읽은 다른 책들(말콤 글래드웰Malcolm Gladwell의 《티핑 포인트 *The Tipping Point*》포함)은 다음과 같습니다. 〔번역서가 있는 경우 번역서의 제목을 맨 앞에 표시했다.〕

모리와 함께한 화요일. Albom, Mitch. *Tuesdays with Morrie: An Old Man, a Young Man, and Life's Greatest Lesson*. New York: Broadway Books, 2017.

마음 가면: 수치심, 불안, 강박에 맞서는 용기의 심리학. Brown, Brené. *Daring Greatly: How the Courage to Be Vulnerable Transforms the Way We Live, Love, Parent, and Lead*. New York: Avery, 2015. 마음 가면: 수치심, 불안, 강박에 맞서는 용기의 심리학

시크릿. Byrne, Rhonda. *The Secret*. New York: Atria Books, 2006. Carnegie, Dale. How to Win Friends and Influence People. New York: Gallery Books, 1998.

5가지 사랑의 언어. Chapman, Gary. *The 5 Love Languages*. Chicago: Northfield Publishing, 2015.

설득의 심리학. Cialdini, Robert B. *Influence: The Psychology of Persuasion*. New York: Harper Business, 2006.

연금술사. Coelho, Paulo. T*he Alchemist*. New York: HarperOne, 2006.

성공하는 사람들의 7가지 습관. Covey, Stephen R. *The 7 Habits of Highly Effective People*. New York: Simon & Schuster, 2020.

닥터 도티의 삶을 바꾸는 마술가게. Doty, James R. *Into the Magic Shop: A Neurosurgeon's Quest to Discover the Mysteries of the Brain and the Secrets of the Heart*. New York: Avery, 2016.

언테임드: 나는 길들지 않겠다. Doyle, Glennon. *Untamed*. New York: Dial Press, 2020.

Faber, Adele, and Elaine Mazlich. *How to Talk So Kids Will Listen* & *Listen So Kids Will Talk*. New York: Scribner, 2012.

뱀의 뇌에게 말을 걸지 마라: 이제껏 밝혀지지 않았던 설득의 논리. Goulston, Mark. *Just Listen: Discover the Secret to Getting Through to Absolutely Anyone*. New York: HarperCollins, 2015.

화성에서 온 남자 금성에서 온 여자. Gray, John. *Men Are from Mars, Women Are from Venus*. New York: HarperCollins, 2012.

붓다 브레인: 행복 사랑 지혜를 계발하는 뇌과학. Hanson, Rick. *Buddha's Brain: The Practical Neuroscience of Happiness, . Love & Wisdom*. Oakland, CA: New Harbinger Publications, 2009.

있는 그대로의 나를 사랑하라. Hay, Louise L. *You Can Heal Your Life*. Carlsbad, CA: Hay House, 1995.

Hicks, Esther and Jerry. *The Law of Attraction*. Carlsbad, CA: Hay House, 2006.

생각하라 그리고 부자가 되어라. Hill, Napoleon. *How to Own Your Own Mind*. New York: TarcherPerigee, 2017.

_____. *Success Through a Positive Mental Attitude*. New York: Gallery Books, 2007.

_____. *Think and Grow Rich*. New York: Penguin Publishing Group, 2005.

생각에 관한 생각. Kahneman, Daniel. *Thinking Fast and Slow*. New York: Farrar, Straus and Giroux, 2011.

Levine, Amir, and Rachel Heller. *Attached: The New Science of Adult Attachment and How It Can Help You Find and Keep Love*. New York: TarcherPerigee, 2011.

Losier, Michael J. *Law of Attraction: The Science of Attracting More of What You Want and Less of What You Don't*. New York: Grand Central Publishing, 2019.

_____. *Law of Connection: The Science of Using NLP to Create Ideal Personal and Professional Relationships*. New York: Hachette Book Group, 2009.

신경 끄기의 기술. Manson, Mark. *The Subtle Art of Not Giving a F*ck*. New York: HarperOne, 2016.

언제까지나 너를 사랑해. Munsch, Robert. *Love You Forever*. Richmond Hill, ON: Firefly Books, 2011.

위대한 나의 발견 강점혁명. Rath, Tom. *StrengthsFinder 2.0*. Washington, D.C.: Gallup Press, 2007.

Ruiz, Don Miguel Jr. *The Four Agreements*. San Rafael, CA: Amber-Allen Publishing, 1997.

_____. *The Mastery of Self*. Boerne, TX: Hierophant Publishing, 2016.

Sincero, Jen. *You Are a Badass: How to Stop Doubting Your Greatness and Start Living an Awesome Life*. Philadelphia: Running Press, 2013.

Singer, Michael A. *The Untethered Soul: The Journey Beyond Yourself*. Oakland, CA: New Harbinger Publications, 2007.

Sullivan, Jay. *Simply Said: Communicating Better at Work and Beyond*. Hoboken: Wiley, 2017.

지금 이 순간을 살아라. Tolle, Eckhart. *The Power of Now: A Guide to Spiritual Enlightenment*. Novato, CA: New World Library, 2004.

Vitale, Anil. *Buying Trances: A New Psychology of Sales and Marketing*. Hoboken: Wiley, 2007.

이 책의 앞부분에서 유명한 멘탈리스트인 데런 브라운에 대해 언급했습니다(76쪽). 저의 스토리 에디터가 그의 책을 추천했습니다. 사람들의 사고 방식과 마음을 바꾸는 방법에 대한 통찰력을 얻고 싶다면 그의 책을 읽어 보세요. (저도 아직 읽지 못하고 있습니다.)

최고의 성취를 이룬 사람들의 마음을 들여다보고 싶다면 《아마존Amazon》의 〈세계 최강의 경주: 에코-챌린지 피지편 *World's Toughest Race: Eco-Challenge Fiji* (2020)〉 또는 오프라 윈프리Oprah Winfrey의 《언제나 길은 있다 *The Path Made Clear*》를 확인해 보세요. 경험에 의해 주도되는 사람을 가까이서 만나고 싶다면 리처드 브랜슨의 자서전을 읽어 봅시다. 더 많은 기업가적 모험을 하고 싶지만 가치에 의해 주도되는 사람을 만나고 싶다면 샘 월튼의 자서전《월마트, 두려움 없는 도전》을 추천합니다. '안전'을 추구하는 사람이라면 증거 기반 연구와 쉽고 보편적인 6가지 영향력 원칙이 필요한 로버트 치알디니Robert B. Cialdini의 《설득의 심리학》이 흥미로울 것입니다.

또한 《뉴욕 타임즈》에 실린 맨디 렌 캐트론Mandy Len Catron의 〈누구와도 사랑에 빠지려면 이렇게 하자 *To Fall in Love with Anyone, Do This*〉라는 글도 읽어보시길 추천합니다. 저는 브리티시 컬럼비아 대학교에서 캐트론 교수의 창의적 글쓰기 강좌를 수강할 수 있는 특권을 누렸습니다. 캐트론 교수는 훌륭한 테드 연사이자 《누구와도 사랑에 빠지는 법: 에세이로 쓰는 회고록 *How to Fall in Love with Anyone: A Memoir in Essays*》의 저자이기도 합니다. 뉴욕 타임즈에 실린 캐트론의 글 〈사랑으로 이끄는 36가지 질문 *The 36 Questions That Lead to Love*〉도 읽어보시는 것도 좋을 것 같습니다.

이상입니다. 이 귀중한 리소스에서 필요한 것을 찾으시길 바랍니다. 저는 열렬한 학습자로서 끊임없이 책꽂이에 책을 추가

하고 있습니다. 최근 추천 도서를 보시려면 웹사이트를 찾아 주세요. 제 웹사이트에 추천 도서 목록을 업데이트하고 있습니다. 저의 어머니가 늘 하시던 "목욕을 하고 와인과 책을 챙겨서 시작하자!"라는 말씀처럼 말입니다. 성장할 수 있는 시간과 공간을 만들어 봅시다. 즐깁시다!

미주

1 자력을 가진 커뮤니케이션의 마법

1. Wayne Dyer, The Power of Intention: Learning to Co-create Your World Your Way (Carlsbad, CA: Hay House, 2004), 256.

2. Rochelle Bilow, Want Your Marriage to Last? YourTango, November 18, 2013, yourtango.com/experts/ rochelle-bilow/want-your-marriage-last.

3. Zhou Jiang, Why Withholding Information at Work Won't Give Youan Advantage, Harvard Business Review, November 26, 2019, hbr.org/2019/ 11/why-withholding-information-atwork-wont-give-you-an-advantage.

4. Jim Harter, 4 Factors Driving Record-High Employee Engagement in U.S. Gallup, February 4, 2020, gallup.com/workplace/284180/factors-driving-recordhigh-employee-engagement.aspx.

5. Email Statistics Report, 2019–2023, The Radicati Group Inc., 2019, radicati.com/wp/wp-content/uploads/2018/ 12/Email-Statistics-Report-2019-2023-Executive-Summary.pdf.

6. John C. Maxwell, Everyone Communicates, Few Connect (Nashville: HarperCollins Leadership, 2010), 29.

7. Stephen Covey, The 7 Habits of Highly Effective People (New York: Simon& Schuster, 2013), 252.

5 '가치' 감정적 자석

8 Biography.com editors, "Sam Walton Biography," Biography.com, March 6, 2020, biography.com/business-figure/sam-walton.

9 Sam Walton and John Huey, Sam Walton: Made in America (New York: Bantam Books, 1993), 31.

8 메인 감정적 파악하기

10 Napoleon Hill, How to Own Your Own Mind, performed by Robertson Dean, Blackstone Audio, Inc., 2017, audio ed., 7 hr., 45 min.

찾아보기

ㄱ

가치

    걸림돌 140-142 돌아보기 147

    동기 요인 137-138 시나리오 142-144

    예시 131-134 장단점 135-137 투자 대비 수익(ROI) 135 페르소나 134-135

감정적 니즈 존중의 예 101-105

감정적 자석 평가 퀴즈 172-184

감정적 호소의 놀라운 힘 13, 31

감정적 자석 활성화 233

    감정적 자석 정의&공유 235-237

    서로의 감정적 자석에 호소 250-259

    서로의 욕구 충족시키기 247-249

    서로의 차이 인정하기 238-245

    자신의 니즈 충족하기 245-247

갤럽 26-27

경험

    갈등의 예 160-162 걸림돌 156-157 돌아보기 164 동기 요인 153-155 시나리오 157 어긋난 계획 149-150 장단점 152

페르소나 150-153

ㄴ

나폴레온 힐 196

내적 대화 49-52, 57-58

ㄷ

단서와 신호 220, 222, 224

    가치 신호 222, 225 경험 신호 219, 226 시나리오 227-231 신호 만들기 218 신호 만들기의 예 221-222 아바타 210 안전 신호 219-220, 216-217 어휘 단서 216-217

대응기제 174

ㄹ

라디카티 그룹 27

라벨 붙이기 65, 83, 243-244

로이 간 13-15, 31

리처드 브랜슨 153

ㅂ

분석가 블로커

　마음읽기 76 비교 75 지나치거나 부적절한 질문 79 진단 77 필터링 78

ㅅ

사무엘 무어 월튼 131-134

성공하는 사람들의 7가지 비밀 49

성취

　걸림돌 118-120 돌아보기 129 동기 요인 115-118, 195 사례 109-111, 124-127, 195 시나리오 120-123 장단점 114-115, 128 페르소나 112

솔로 블로커

　관련 없는 생각 58-59 논쟁 62-63 도덕적 심판 63-64 동일시 55-57, 65 라벨 붙이기 65-66 리허설 64 리허설 64 몽상 66-67 배려 부족 61-62 올바름에 대한 필요 62 자신에 대한 집중 59-61

스티븐 코비 49

ㅇ

안전

　갈등 91-92 걸림돌 96-97 돌아보기 106 동기 요인 93-94 시나리오 97-100 장단점 92-93 페르소나 89-90

영향과 조종의 차이 42-43

원하는 것 VS 필요한 것 30-31

월마트, 두려움 없는 도전 131

웨인 다이어 24

인간관계 맺는 기술 29

ㅈ

존 맥스웰 29

ㅋ

커뮤니케이션 블로커 평가 문항 81, 235

ㅌ

팀 페리스 134

ㅎ

하버드 비즈니스 리뷰 26

헬렌 월튼 133

헬퍼 블로커 61-72

옮긴이 정민용
대학에서 커뮤니케이션&저널리즘을 공부한 후 콘텐츠 상품 기획, 마케팅커뮤니케이션 업무를 해왔다. 저자와 비슷한 일을 하는 마케팅커뮤니케이션 기획자의 입장에서 모든 구절에 공감하며 이 책을 옮겼다.

감정적 자석
: 관계에 끌림을 더하는 커뮤니케이션 법칙

초판 1쇄 발행 2023년 12월 22일

지은이 샌디 거버
옮긴이 정민용

펴낸이 고은애
펴낸곳 북스앤디지털
출판신고 제 25100-2018-000023 호
전화 02-6448-6322
메일 book@booksndigital.co.kr

한국어판 출판권 ⓒ 북스앤디지털 2023
에쏘프레소는 북스앤디지털의 출판 브랜드입니다.

ISBN 979-11-972302-9-5 03320
값 17,000 원

※ 잘못 만들어진 책은 서점에서 교환하여 드립니다.
※ 이 책의 본문에는 '을유1945' 서체가 사용되었습니다.